本书受山东师范大学经济学院学科振兴计划资助

土地经营规模对家庭农场生产方式的影响研究

夏雯雯 ◎ 著

中国财经出版传媒集团
中国财政经济出版社

图书在版编目（CIP）数据

土地经营规模对家庭农场生产方式的影响研究／夏雯雯著．--北京：中国财政经济出版社，2021.9
ISBN 978-7-5223-0609-4

Ⅰ.①土… Ⅱ.①夏… Ⅲ.①土地经营－规模－影响－家庭农场－生产方式－研究－中国 Ⅳ.①F324.1

中国版本图书馆CIP数据核字（2021）第118338号

责任编辑：张怡然 高 青　　责任印制：张 健
封面设计：陈宇琰　　责任校对：胡永立

中国财政经济出版社 出版
URL：http：//www.cfeph.cn
E-mail：cfeph@cfeph.cn

社址：北京市海淀区阜成路甲28号 邮政编码：100142
营销中心电话：010-88191522
天猫网店：中国财政经济出版社旗舰店
网址：https：//zgczjjcbs.tmall.com
北京富生印刷厂印刷 各地新华书店经销
成品尺寸：170mm×240mm 16开 10.25印张 162 000字
2021年9月第1版 2021年9月北京第1次印刷
定价：48.00元
ISBN 978-7-5223-0609-4
（图书出现印装问题，本社负责调换，电话：010-88190548）
本社质量投诉电话：010-88190744
打击盗版举报热线：010-88191661 QQ：2242791300

前　言

2035年，中国要基本实现农业现代化，这离不开农业生产方式持续向好向优的转变，而农业生产方式的转变最终有赖于农业生产主体的生产行为。家庭农场作为现阶段符合农业经济发展规律和社会发展阶段的新型农业生产经营主体之一，它的生产方式是否符合中国农业生产方式持续向好向优的转变方向？在土地规模化的趋势下，家庭农场生产方式发生转变的方向是否与土地规模化的方向相一致？这些构成了本书的核心研究问题。

为了回答上述问题，本书主要从以下方面展开分析：一是着重对中国农业生产方式转变与家庭农场生产方式特征的关系进行阐述；二是基于2014年829个全国粮食类家庭农场的监测数据，运用多元回归模型的工具变量方法，突出研究了专业化、机械化和绿色化三种农业生产方式。

本书的主要研究结果如下：

（1）研究发现，家庭农场是现阶段中国农业生产方式从传统向现代转变的重要载体，呈现出土地适度规模化、专注于生产的专业化和机械化水平相对较高、绿色化生产特征显现等一系列特征。这些特征与现阶段农业生产方式转变的方向是一致的。

（2）专业化生产方式特征方面：家庭农场作为一类生产主体，专业化水平侧重且突出表现在其专注生产的程度。研究发现，家庭农场加入合作社是其实现生产专业化的重要途径，并且土地经营规模对于专业化水平的提高具有显著正向作用。

（3）机械化生产方式特征方面：研究发现，土地经营规模对家庭农场机械化水平的提高具有显著正向作用，但对耕地、播种（插秧）、收获等不同环节的机械化水平的正向影响程度不同，对机耕水平的正向影响程度最低。另外，在当前农业生产技术下，土地适度规模可能与家庭农场机械化生产的提高并不矛盾。

(4) 绿色化生产方式特征方面：以“家庭农场是否应用测土配方施肥技术”作为衡量绿色化生产方式特征的代理变量。研究发现，土地经营规模对家庭农场应用测土配方施肥技术的概率具有显著正向影响；在影响程度上，西部地区是东北地区的10倍。同时，土地适度规模与测土配方施肥技术应用与家庭农场绿色化生产特征并不矛盾。

综上所述，可以得出如下结论：家庭农场生产方式向专业化、机械化和绿色化的转变与土地规模化方向是一致的，其转变与土地适度规模并不存在矛盾；家庭农场是现阶段中国农业生产方式发生转变的重要载体。基于此，本书提出应该重视家庭农场等规模化生产主体的培育以及持续推进土地适度规模经营等建议。

但囿于一些限制，本书主要关注了家庭农场专业化、机械化和绿色化农业生产方式，而没有涉及其他农业生产方式；截面数据无法反映家庭农场生产方式特征的动态变化等。土地经营规模对家庭农场生产方式的影响研究是一个需要进行不断分析、探索的长期性课题，由于作者水平有限，书中难免有纰漏之处，敬请各位读者批评指正。

作者

2021年5月

目录

第一章　绪　论

第一节　研究背景与意义

中国农业在“十三五”时期的稳步推进和巨大成绩，无疑为建设社会主义农业农村现代化国家的奋斗目标奠定了坚实的基础。中国农业在此期间取得的巨大成绩主要体现在粮食安全、农业总产值的增加和农民收入的提高等方面。2016—2019年，中国粮食总产量和亩均粮食产量[①]稳步增加，人均粮食产量[②]持续高于400公斤的国际安全标准线。2016—2019年，中国粮食总产量从61625万吨增加到66384万吨，共增加4759万吨，年均增速2%左右；亩均粮食产量从363.46公斤增加到381.30公斤，共增加17.84公斤，年均增速1.23%；人均粮食产量从445.68公斤增加到474.15公斤，共增加28.47公斤，年均增速1.5%左右。[③] 2016—2018年，若按照可比价格计算，农业总产值年均增长4.26%[④]；农村居民可支配收入年均增长6.68%，并且城乡居民的可支配收入比从2016年的2.72下降到2018年的2.69[⑤]。

中国农业取得的巨大成绩离不开农业生产方式持续向好向优的转变，现阶段我国农业生产方式与现代农业生产方式相比，仍然存在可进一步完善的地方：第一，中国农业生产主体平均拥有的土地经营规模仍然偏小。2017年，

---

① 亩均粮食产量=粮食总产量/粮食播种面积。

② 人均粮食产量=粮食总产量/总人口（年末）。

③ 2016—2018年的数据来自《中国统计年鉴》，2019年的数据来自《中华人民共和国2019年国民经济和社会发展统计公报》。

④ 魏后凯：《“十四五”时期中国农村发展若干重大问题》，《中国农村经济》，2020年第1期。

⑤ 数据来源：2017—2019年《中国统计年鉴》。

拥有 10 亩（0.67 公顷）[①] 以下土地经营规模的农户占比仍然超过 85%（85.43%），而拥有 100 亩（6.67 公顷）以上的占比仅为 0.50%[②]；从户均拥有耕地面积看，2012 年，农户户均耕地面积不足 8 亩（0.53 公顷）[③]，这一耕地面积不仅与 2011 年世界平均规模 125.57 亩（8.37 公顷）相差接近 15 倍，与以小规模土地经营为突出特征的日本 2011 年平均规模 21.93 亩（1.46 公顷）也相差近 2 倍[④]。第二，农业生产主体参与农业生产性服务的程度仍处于偏低水平。农业生产性服务是解决农业生产主体产前、产中和产后环节需求的服务产业。近年来，尽管农业生产性服务发展迅速，但仍未改变现在还处于有效供给不足的初级发展阶段的事实[⑤]。《新型农业经营主体社会化服务报告》的调查结果显示，我国小农户接受或购买农业生产性服务的比例不足 10%（0.87%—6.68%），家庭农场接受或购买此类服务的比例未达到 25%（4.66%—23.03%），专业大户也未超过 36%（4.38%—35.20%）。[⑥] 反观美国，在 1988 年，美国农业的社会化服务体系已覆盖九成。第三，农业机械化生产水平在不同地区、不同作物、不同农作环节等方面的发展状况并不均衡。中国农业机械化生产呈现出“平原地区高、丘陵山区低”“粮食作物高、经济作物低”“粮食作物机耕环节高、机播机收环节低”等一系列特征。例如，2019 年农作物耕种收的综合机械化率在全国已超过 70%，但是，丘陵山区地区仍未达到 50%。[⑦] 第四，农业绿色化生产特征虽然逐渐显现，但化肥农药的施用强度仍处于偏高水平。2015—2018 年，

① 1 亩≈0.067 公顷。

② 数据来源：农业部农村合作经济指导司、农业部政策与改革司：《中国农村经营管理统计年报（2016 年）》，中国农业出版社 2017 年版。

③ 数据来源：耕地数来自国土资源部所公布的《2012 年中国国土资源公报》，http://www.mnr.gov.cn/sj/tjgb/；乡村户数来自国家统计局官方网页，http://data.stats.gov.cn/easyquery.htm?cn=C01&zb=A0D02&sj=2019；农户户均耕地=耕地数/乡村户数。

④ 数据来源：联合国粮食及农业组织：《粮食及农业状况——家庭农业中的创新》；生产主体平均拥有的土地经营规模=农业面积/农业生产单位数量。

⑤ 张红宇：《农业生产性服务解种地难题》，http://www.zgxcfx.com/m/view.php?aid=116873，2020 年 5 月 15 日。

⑥ 经济日报社中国经济趋势研究院新型农业经营主体调研组：《健全农业社会化服务体系任重道远》，http://www.gov.cn/zhengce/2019-01/14/content_5357606.htm，2019 年 1 月 14 日。

⑦ 中国财经网：《农业农村部：2019 年全国农作物耕种收综合机械化率超过 70%》，http://finance.china.com.cn/agri/20200110/5170805.shtml，2020 年 1 月 10 日。

化肥施用强度[①]从361公斤/公顷下降到341公斤/公顷，年均下降幅度低于2%（1.87%），2015年化肥施用强度是同年世界平均施用强度138公斤/公顷的2.62倍[②]；农药的使用强度从2016年的10.44公斤/公顷下降到2018年的9.98公斤/公顷[③]，年均下降幅度未超过5%（4.41%），2016年的农药使用强度是同年世界平均使用强度2.63公斤/公顷的4倍左右[④]。

现阶段（2008年至今）中国农业生产方式以土地适度规模化为主要特征，同时，土地规模化也是传统农业生产方式向现代农业生产方式转变的必要条件。中国农业生产主体平均拥有的土地经营规模已经逐渐显现出增加态势。2003—2016年，平均每个农业劳动力拥有的土地经营规模从5.11亩增加到9.42亩，平均每年增幅超过6%[⑤]。从中国城镇化发展的历程看，2019年末，中国城镇化率超过60%[⑥]，未来15—20年，中国的城镇化水平和农业劳动力转移速度仍然会持续快速推进，因而，必然会带来土地规模经营的进一步发展[⑦]。按照不同土地经营规模农户分组的占比来看[⑧]，2010—2017年，土地经营规模处于30亩以下的农户占比从96.62%小幅下降到95.84%，每年降幅接近1%；在土地经营规模处于50亩以上的规模农户中，处于50—100亩的规模

① 化肥施用总量和农作物总播种面积数据来自《中国统计年鉴2019》；化肥施用强度=化肥施用总量/农作物总播种面积。

② 数据来源：https：//ourworldindata.org/。需要注意的是，由于联合国粮食及农业组织与中国的统计口径不一致等原因，2015年统计的中国的化肥施用强度是506.11公斤/公顷，高于中国公布的化肥施用强度。所以，如果以相同的口径比较，中国的化肥施用强度是世界平均施用强度的3.7倍左右。

③ 农药总使用量的数据来自《中国农村统计年鉴2019》；农药使用强度=农药总使用量/农作物总播种面积。

④ 数据来源：https：//ourworldindata.org/pesticides。需要注意的是，由于联合国粮食及农业组织与中国的统计口径不一致等原因，2016年统计的中国的农药使用强度是13.06公斤/公顷，高于中国公布的农药使用强度。所以，如果以相同的口径比较，中国的农药使用强度是世界平均施用强度的5倍左右。

⑤ 数据来源：耕地数来自国土资源部所公布的2003—2016年《中国国土资源公报》，http：//www.mnr.gov.cn/sj/tjgb/；乡村户数来自国家统计局官方网页：http：//data.stats.gov.cn/easyquery.htm？cn=C01&zb=A0D02&sj=2019；第一产业从业人员来自《中国农村统计年鉴2019》；农业劳动力劳均耕地=耕地数/第一产业从业人员。

⑥ 中国经济网：《统计局：至2019年末我国城镇化率为60.60%》，https：//baijiahao.baidu.com/s?id=1655941422466388592&wfr=spider&for=pc，2020年1月17日。

⑦ 旗帜网：《建立新型农业生产方式是乡村振兴的必由之路》，http：//www.qizhiwang.org.cn/n1/2019/0302/c425687-30953817.html，2019年3月2日。

⑧ 农业部农村合作经济指导司、农业部政策与改革司：《中国农村经营管理统计年报》，中国农业出版社（2010—2017年）。

农户的占比呈现出下降趋势，下降幅度接近10%，处于200亩以上的规模农户占比呈现出增加趋势，增速接近20%，如果从增速上比较，处于100—200亩的规模农户的占比增速最高，增速接近30%。这或许说明，土地经营规模有向土地适度规模经营发展的趋势。另外，土地作为其他农业生产投入要素的载体，它的重要性要远远高于其他农业生产投入要素（弗兰克·艾利思，2006），同时，土地规模化也是传统农业生产方式发生转变和现代农业生产方式形成的基础和必要条件（北京天则经济研究所《中国土地问题》课题组，2010；谭秋成，2015；李周，2017；彭继权、吴海涛，2019）。

中国农业生产方式的转变最终有赖于农业生产主体的生产行为，而且，直接从事农业生产的生产主体行为特征与农业政策目标的实现关系最大。在众多农业生产主体中，家庭农场是现阶段符合农业经济发展规律和社会发展阶段的新型农业生产经营主体之一。近年来，中国农业生产主体逐渐出现分化，形成普通小农户、兼业农户和规模化农户①等多元化主体并存的格局，家庭农场也应运而生。家庭农场作为政府突出抓好和重点培育的规模化新型农业生产经营主体，学术界从理论层面论证了家庭农场发展的适宜性，现实中家庭农场也呈现出蓬勃发展之势。习近平总书记在中共中央政治局第八次集体学习会议中指出，要突出抓好家庭农场农业经营主体的发展。农业农村部在《关于实施家庭农场培育计划的指导意见》中进一步提出家庭农场培育计划的指导意见。家庭农场作为规模化的生产主体，具有家庭经营的内核，继承了农业家庭生产经营的优势（杜志雄，2018；杜志雄、王新志，2013），是农业生产季节性和产出随机性特征存在下的最优生产主体（Allen & Lueck，1998），也是最适合农业生产的主要实践者（杜志雄，2018）和组织形式（韩朝华，2017）。自2013年首次提出“家庭农场”以来，截至2018年年底，县级以上农业部门纳入名录管理系统的家庭农场达到60万户，比2013年年底增长了4倍多②。家庭农场不单单在中国发展迅速，在世界上也具有普遍性。联合国粮食及农业组织在2014年《家庭农业的创新》里指出，全世界家庭农

① 规模化农户主要包括少部分直接从事农业生产的龙头企业、从事农业生产的农业土地合作社、专业大户以及经过农业部门备案或在市场监管部门注册的家庭农场等。

② 人民日报海外网：《中国家庭农场发展取得初步成效，数量达有60万家》，http：//m.haiwainet.cn/middle/3541089/2019/0918/content_31631002_1.html，2019年9月18日。

场占所有农场的比例达到90%。家庭农场作为中国未来普通农户或其他农业生产经营主体持续演进的方向，是具有实现和承担农业现代化发展功能的重要生产主体（杜志雄，2019），因此，关注家庭农场的农业生产方式具有重要意义。

在上述背景下，以家庭农场作为研究对象，关注并系统研究土地经营规模对家庭农场农业生产方式的影响，有助于准确认识和发现诸如家庭农场等规模化生产主体的生产方式特征及其发展规律等，从而丰富和拓展中国农业生产方式的研究，具有重要的理论意义。当前，中国农业生产方式正处于从传统农业生产方式向现代农业生产方式转变的关键时期，依据研究结论和据此获得的政策启示，能够为规模化生产主体生产效率的提升和健康持续发展等提供有针对性的政策建议，进而有效促进乡村振兴战略的实施和农业现代化目标的实现，具有很强的现实意义。

第二节 研究目标与研究内容

一、研究目标

农业生产方式从传统向现代的转变对于乡村振兴战略的实施和农业现代化目标的实现具有重要作用。那么，现阶段中国农业生产方式特征是什么？同时，家庭农场作为政府突出抓好和重点培育的新型农业规模化生产主体，其特征是什么？家庭农场生产方式特征是否与现阶段农业生产方式转变的方向相一致？在土地经营规模化的趋势下，土地经营规模对家庭农场专业化、机械化和绿色化农业生产方式的影响如何？这些问题组成了本书的核心研究问题。

依据上述研究问题，本书的总体目标是论证和回答家庭农场的生产方式特征是否与中国农业生产方式转化的整体目标和方向保持一致。通过对上述问题的分析，以期掌握家庭农场生产方式的特征以及在农业现代化中所发挥的作用，发现土地经营规模对家庭农场专业化、机械化和绿色化生产方式的影响作用，之后依据研究结论，为中国农业现代化目标的实现提供政策建议。

二、研究内容

在对主要研究内容进行阐述之前，先就书中所涉及的几个核心概念进行说明。由于书中所涉及的家庭农场、机械化和绿色化的概念与学术界统一的概念界定几乎没有区别，因此不再做单独一节进行概念界定。仅就可能存在分歧的农业生产方式与农业发展方式、农业经营方式的概念以及专业化的概念展开分析、讨论和界定。为了行文的整体性，在此仅做简要说明，下文将进行详细论述。书中所界定的农业生产方式是由农业生产过程中不同生产环节的组织方式以及农业生产技术在农业生产过程中的采纳和应用等一系列要素构成，强调资源利用效率和技术应用；农业生产方式与农业发展方式是被包含与包含的关系：农业生产方式包含于农业发展方式之中，是农业发展方式的一种具体实现方式，农业生产方式侧重于农业发展方式中农业结构的变化方面；农业生产方式是农业经营方式本质属性的反映，而农业经营方式是农业生产方式的基础，是其表现形式。另外，家庭农场的专业化指的是其专注于生产的专业化。

依据上述研究问题和目标，本书的主要研究内容如下：

（一）中国农业生产方式转变与家庭农场生产方式特征

本书对农业生产方式的内涵与外延进行界定，梳理并归纳了中国农业生产方式的阶段性生产方式特征，总结出现阶段中国农业生产方式正处于从传统向现代转变的过渡期，并且着重对现阶段中国农业生产方式特征进行了阐述。同时，对家庭农场的生产方式特征进行了描述性统计分析，并指出家庭农场在中国农业生产方式转变中所起的重要作用。农业生产方式的特征具有多元性，但书中不可能就全部特征展开讨论。因此，这部分研究的一个主要任务是：要为本书为何选择家庭农场为研究对象，选择土地经营规模为关键解释变量，选择专业化、机械化和绿色化的生产方式为被解释变量进行研究提供合理的解释。

（二）土地经营规模对家庭农场专业化生产的影响研究

本书首先对家庭农场的专业化进行界定，指出家庭农场的专业化是其专注于生产所形成的专业化；其次，着重论述了家庭农场加入合作社是其实现专业化的重要途径；再次，就土地经营规模对家庭农场是否加入合作社进行影响机制分析；最后，基于全国家庭农场监测数据，把家庭农场是否加入合作社作为家庭农场专业化生产水平的代理变量，对土地经营规模对家庭农场专业化生产水平的关系进行描述性统计分析和实证分析。

（三）土地经营规模对家庭农场机械化生产的影响研究

本书以家庭农场耕种收的综合机械化率作为家庭农场机械化水平的代理变量，在理论上分析了土地经营规模对家庭农场机械化生产的理论影响机制，并基于全国家庭农场监测数据，对土地经营规模与家庭农场机械化生产水平的关系进行描述性统计分析和实证分析。

（四）土地经营规模对家庭农场绿色化生产的影响研究

受限于数据的可获得性，以家庭农场是否应用测土配方施肥技术作为家庭农场绿色化的代理变量，在理论上分析了土地经营规模对家庭农场应用测土配方施肥技术的理论影响机制，并基于全国家庭农场监测数据，对二者的关系进行描述性统计分析和实证分析。

第三节　研究方法、数据来源与技术路线

一、研究方法

（一）文献分析法

通过梳理国内外农业生产方式影响因素和家庭农场生产方式研究的相关文

献，在比较分析的基础上，对相关文献研究的逻辑脉络进行厘清，发现本书的研究基点和起点。

（二）理论分析方法

基于相关的理论基础，结合科学的理论逻辑，构建了理论分析框架，就土地经营规模对家庭农场专业化、机械化和绿色化生产方式的影响进行系统地理论论述，进而提出研究假说。

（三）描述性统计和实证分析方法

通过描述性统计分析了样本农场分布特征、家庭农场生产方式特征以及家庭农场专业化、机械化和绿色化生产方式与其影响因素的关系，从而为实证分析的变量选择和预期研究结果提供基础。实证分析方面，探究了土地经营规模对家庭农场专业化、机械化和绿色化影响的因果关系。由于土地经营规模与家庭农场专业化、机械化和绿色化的生产方式之间存在双向因果关系和遗漏变量的内生性问题，因此，选用工具变量的方法进行估计。在分析专业化生产和绿色化生产时，由于代理变量是二元虚拟变量，因此选用二元离散选择模型的工具变量方法对两者之间的因果关系进行估计。同时，由于衡量机械化水平的综合机械化率是连续变量，因此，选用多元线性模型的工具变量方法估计两者之间的因果关系。

二、数据来源

本书所用数据来自全国家庭农场监测项目。此项目是受农业农村部委托，从 2014 年起，中国社会科学院农村发展研究所每年对全国近 3000 个家庭农场开展观测工作。此项目的抽样原则是按照各个省份中县经济水平的高、中、低，在每个省份分层随机抽取 2—4 个样本县，在每个县等距随机抽取 30—50 个家庭农场。在抽取家庭农场的过程中，充分考虑各地的家庭农场比例结构以及家庭农场监测工作的使命和目的，原则上总样本中种植类家庭农场不得超过八成，粮食类家庭农场占种植类家庭农场的比例不少于五成[①]，并且，所选取的样本家庭农场应是生产经营状况比较稳定的家庭农场。

之所以选用2014年的数据开展研究和分析，原因在于2013年是中国家庭农场发展元年，选用2014年的数据研究家庭农场生产方式特征，目的是能够看到其最原始状态[②]。

2014年共获得1847个种植类家庭农场监测数据，其中，粮食家庭农场监测数据918个，本书最终选取829个种植小麦、玉米、水稻的粮食类家庭农场构成的样本进行分析[③]。本书选取粮食类家庭农场进行分析主要有以下考虑：一是家庭农场作为政府重点培育和突出抓好的新型农业生产经营主体，肩负着国家粮食安全的使命。因此，选取粮食类家庭农场进行分析具有更大的政策意义。二是能够有效回避作物类别对家庭农场生产方式的影响，从而更好分析土地经营规模对家庭农场生产方式的影响。考虑到蔬菜等劳动力密集型的种植作物和粮食作物的专业化、机械化等程度不同，而这些因素会重点影响接下来本书要分析的土地经营规模对家庭农场专业化和机械化生产的影响，因此隔离开农作物类别的影响也显得尤为重要。

829个粮食类样本家庭农场的地区分布[④]见表1-1。总体来看，样本农场地区分布呈现出“东北地区最多、西南地区最少”的特征。具体分布特征如下：829个样本农场中，东北地区的家庭农场为347个，占比超过四成；华东地区的家庭农场为156个，占比接近两成；西北和西南地区的样本农场数量则相对较少，分别是40个和49个，占比分别为4.83%和5.91%。东北地区占比超过四成的原因或许是东北地区土地较为平坦、其特殊的自然环境以及国家

① 这也与农业部2016年底对全国44.5万户家庭农场专项统计调查中呈现出家庭农场以粮食作物为主（65.80%）的特点相同。资料来源：中国网：《2016年家庭农场发展情况是怎样的》，http://guoqing.china.com.cn/zhuanti/2018-04/23/content_50953219.htm。

② 2013年“中央一号文件”首次提出发展家庭农场。2014年的监测数据实际上反映的是家庭农场2013年的情况。

③ 本书对北京、上海、海南三地的农场样本及含有异常值的农场样本进行了删除，主要原因是北京和上海经济相对比较发达，尤其是上海的家庭农场发展态势领先于其他省份，而海南属于唯一的热带省份，气候比较特殊，因此三个省份的农场相对不具有代表性。

④ 按照国家统计局的分类方法，将全国分成华北（天津、河北、山西、内蒙古）、东北（辽宁、吉林、黑龙江）、华东（江苏、浙江、安徽、福建、江西、山东）、华中（河南、湖北、湖南、广东、广西）、西南（重庆、四川、贵州、云南）和西北（陕西、甘肃、青海、宁夏、新疆）六个区域。

对东北大粮仓的定位等因素促使东北地区的样本农场更加适宜且偏好于粮食作物的种植。

表 1－1　样本农场地区分布

地区	数量（个）	占比（%）
华北	113	13.63
东北	347	41.86
华东	156	18.82
华中	124	14.96
西南	40	4.83
西北	49	5.91
合计	829	100.00

样本家庭农场的种植作物分布见表 1－2。样本家庭农场中不同种植作物数量由多到少分别为玉米、水稻和小麦。829 个样本家庭农场中，381 个为玉米农场，占比接近五成；298 个为水稻农场，占比接近四成；150 个为小麦农场，占比不足两成。

表 1－2　样本农场种植作物分布

种植作物	数量（个）	占比（%）
小麦	150	18.09
玉米	381	45.96
水稻	298	35.95
合计	829	100.00

三、技术路线

为了解决核心研究问题：土地经营规模对家庭农场专业化、机械化和绿色化生产方式的影响，本书构建了技术路线图。技术路线图用以阐明本书的分析框架与思路，由“研究背景与理论分析”“实证分析”“结论与政策建议”三部分组成。具体见图 1－1。

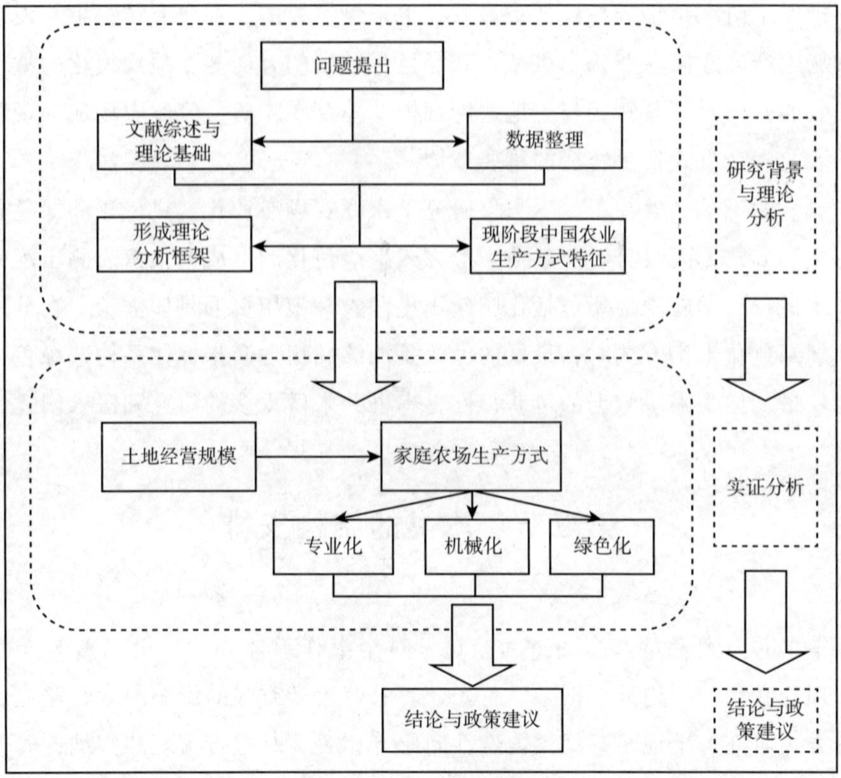

图 1-1 技术路线

第四节 研究创新与不足之处

本书是基于学术界对相关问题的研究基础之上，沿着前人研究的脚步迈出的新的一步，继承性、拓展性大于创新性。尽管如此，笔者认为本书的某些研究结论有一定的新意。家庭农场作为新型农业生产经营主体之一，它在角色定位和生产行为等方面是区别于小农户的。本书首先以家庭农场为主要研究对象，把家庭农场置于现阶段中国农业生产方式转变的背景下开展研究，同时还选用一套全国范围内的家庭农场监测数据进行实证检验分析，相对保证了研究结果的可信性和稳健性，从而能够对家庭农场的相关研究形成有益补充；其次在研究方法上，采用了工具变量方法进行估计，克服了土地经营规模的内生性，确保了研究结果的一致性；最后，也是最重要的，在研究结论上，发现家庭农场生产方式向专业化、机械化和绿色化转变的方向与土地规模化的方向是相一致的，同时，其转变与土地适度规模并不存在矛盾，家庭农场成为现阶段中国农业生产方式发生转变的重要载体。

研究的不足之处在于，本书仅研究了家庭农场专业化、机械化和绿色化的农业生产方式，而没有涉及其他生产方式。绿色化的形成不仅依靠测土配方施肥技术进行科学施肥，还包括化肥施用量和农药施用量的具体数量，在分析家庭农场绿色化生产方式时，最好的做法是能够利用一套指标体系构造绿色化的代理变量，但受限于数据的可获得性，本书并未做太多的研究和深入阐述。

第五节　本书的结构安排

本书共分为七章。第一章为绪论，对全书作整体介绍。第二章为文献综述、理论基础与理论分析框架。首先，对农业生产方式的影响因素和家庭农场生产方式研究、土地经营规模内生性问题等相关文献进行梳理和归纳，着重回顾和整理了农业专业化、机械化和绿色化生产方式影响因素的相关文献，并进行述评。其次，对农户行为理论、分工理论等理论进行回顾，以期为本书的研究提供理论基础，以此为逻辑起点，构建了全文的理论分析框架。第三章是中国农业生产方式转变与家庭农场生产方式特征。首先，对农业生产方式的内涵与外延进行界定，并对中国农业生产方式的不同阶段性特征进行梳理和归纳，得出了“现阶段中国农业生产方式正处于传统农业生产方式向现代农业生产方式转变的过渡期”的结论，并且着重对现阶段中国农业生产方式特征进行了阐述。其次，对家庭农场生产方式特征进行了描述性统计分析，并指出家庭农场在中国农业生产方式转变中所起的重要作用。第四章是土地经营规模对家庭农场专业化生产的影响研究。首先，界定了家庭农场的专业化是其专注于生产的专业化。其次，着重论述了家庭农场加入合作社是其实现专业化的重要途径，对土地经营规模与家庭农场是否加入合作社进行了影响机制分析，提出本章的研究假说。最后，基于粮食类家庭农场监测数据，把家庭农场是否加入合作社作为家庭农场专业化生产的代理变量，对土地经营规模与家庭农场专业化生产之间的关系进行描述性和实证分析。第五章是土地经营规模对家庭农场机械化生产的影响研究。首先从理论逻辑上就土地经营规模对家庭农场的机械化生产进行了影响机制分析，提出本章的研究假说。其次，基于粮食类家庭农场监测数据，以家庭农场综合机械化率作为农场机械化水平的代理变量，对土地经营规模对家庭农场的机械化生产之间的关系进行描述性和实证分析。第六章是土地经营规模对家庭农场绿色化生产的影响研究。受限于分析样本中数据的可得性，本书以家庭农场是否应用测土配方施肥技术作为家庭农场绿色化的代理变量。本章首先从理论逻辑上对土地经营规模与农场是否应用测土配方施肥技术进行了影响机制分析，提出本章的研究假说。其次，基于粮食类家庭农场监测数据，对土地经营规模对家庭农场应用测土配方施肥技术之间的关系进行描述性和实证分析。第七章为主要研究结论和政策建议。首先，对全书的研究结果进行提炼汇总，并基于研究结果和研究结论，提出相关的政策建议。其次，针对书中存在的不足，提出下一步的研究思路。

第二章　文献综述、理论基础与理论分析框架

本章首先将从农业生产方式影响因素、家庭农场概念及其功能定位、家庭农场生产方式以及土地经营规模内生性问题研究等方面开展文献回顾。在此基础上，开展文献评述，为本书的研究框架和论述提供研究基础和参考。其次，对本书研究开展所依据的农户行为理论、分工理论等进行阐述，并提出全书的理论分析框架。

第一节　文献综述

一、农业生产方式影响因素的相关文献研究

（一）农业专业化生产影响因素的研究

1. 农业专业化的内涵

《新帕尔格雷夫经济学大辞典》中并没有“专业化”的专门词条，反映专业化本质特征的应该是劳动分工。分工在《新帕尔格雷夫经济学大辞典》是这样定义的，“分工是与专业化和协作及作为其结果的劳动生产力和它的社会形式相联系的”。维基百科同样指出：“分工是指一个生产流程被分成若干个子任务，从而使参与者只从事一个子任务而获得的专业化技能。”可以认为，分工的表现结果是专业化。杨小凯（2003）也指出分工和专业化是两个相互紧密联系的概念，专业化是分工不断深化的重要结果，是经济增长的有效手段。杨格（Young A，1928）认为分工应该用“个人的专业化水平、迂回生产

链条的长度和在此链条上的每个环节的产品种类数”来描述。斯蒂格利茨认为分工或专业化的含义指的是原本内生于企业内部的职能不断分离，并且由其他较为专业的企业来承担这些分离出去的职能所形成的过程。

在农业生产过程中，较多学者论证了农业分工的有限性特征。亚当·斯密提出农业分工有限性是农业劳动生产率低于制造业劳动生产率的原因所在。史与杨（Shi & Yang，1995）认为农业的季节性生产特征所引起的较高分工协调费用和农产品自身易腐的特征所引起的交易低效率，使农业分工得不偿失。罗必良（2008）认为主要是农业的生命特性、生产季节性和劳动非连续性以及市场和组织特性决定了农业分工的有限性。生命特性指的是农产品的生产具有连续和不可逆性，并且农业生产中的一些核心生产环节的分工是有限的；劳动的非连续性限制了农业分工的深化；市场特性表现为产品的低供需弹性、市场范围的约束以及农产品同质性的特征对分工造成了一定的阻碍。另外，农业的劳动时间和收获时间的不一致、部分农业生产环节的难以监督也是限制农业分工的原因（罗必良，2008；高帆，2009；杨丹、刘自敏，2011）。

虽然农业分工具有天然的局限性，但是在某种程度上仍然可行，因分工所形成的专业化也依然存在可能性。农户专业化、区域专业化和服务专业化组成了农业分工所形成的专业化（李周，2017）。农户专业化既包括农户在整个农业生产环节中所从事其他非农业的活动内容（包括其他职业）的专业化（赵佳、姜长云，2015），也包括农户种植作物品种减少的专业化（梁志会等，2020）。如果将专业化往农户内部延伸，农户家庭内部的分工也是一种专业化，比如从事农业的劳动力“妇女化”“老龄化”等特征。区域专业化指的是在整个空间层面的专业化，比如“粮食生产功能区”“特色农产品优势区”。区域专业化主要表现在两个方面：一方面是各区域内农产品种类的减少、主要农产品种植比例的提高（罗富民等，2013）；另一方面是各类产品在主产区的产量占总产量的比重提高。服务专业化指原本由一个生产主体负责的全部生产过程分工给不同的专业化主体完成，主要包括农业生产资料购买等产前环节服务、产中和运输、储藏、销售服务等产后环节的服务（杨丹、刘自敏，2011；白积洋，2012），产中环节的服务进一步可以分为技术服务、作业服务、管理服务等（白积洋，2012；张露、罗必良，2018；杨进等，2019；刘家成等，2019；

梁志会等，2020）。

2. 农业专业化生产影响因素的研究

（1）农户专业化。依据不同的研究问题，农户分工程度的衡量指标也存在不同。农户专业化的衡量指标主要有村庄中仅务农的农户数、农户是否存在兼业化、农产品的商品化率、销售规模集中度、种植作物种类数等（杨丹、刘自敏，2011；白积洋，2012；王利平等，2012；赵佳、姜长云，2015；罗明忠、刘恺，2015；Qin & Zhang，2016；梁志会等，2020）。杨丹和刘自敏（2011）为了探究农民经济组织的发展对于农业专业化水平的影响，以村庄中仅务农的农户数作为农业专业化水平的代理变量。白积洋（2012）把农业的分工分为农户的专业化生产意愿、农户生产的农产品的商品化率以及农户是否参与了农业生产环节的分工（以农户是否聘请雇工表示）。王利平等（2012）通过衡量出不同生计资产的多个指标对样本村的农户分化进行了综合分析，结果显示仅有8%的农业专业化发展型，兼业化发展型和农业多样化发展型分别占23%和16%，非农多样化发展型和非农专业化发展型分别占31%和22%。

在此着重梳理土地经营规模对种植作物专业化影响的相关文献。黄炜虹等（2019）通过对长江中游地区502户种植大户的研究，发现耕地规模越大，种植大户的专业化水平越低。原因可能是，一方面较大的土地经营规模往往地块数目较多，由于不同地块所处区位不同等造成较大的异质性，所适宜种植的作物也不同；另一方面，多元化种植可以规避农业因自然灾害等造成的风险，能够让劳动力得到合理配置和充分利用（Heston & Kumar，1983）。另外，奇热夫斯基和安布罗斯（Czyżewski & Smędzik - Ambroży，2015）利用2004—2009年华沙农业和食品经济研究所的数据，通过DEA分析发现，多样化的农场与专业化的农场达到了相似的经济效率。姚寿福（2012）以美国的农业发展为例，认为美国农场规模的扩大是为了获得分工和专业化，进而指出规模扩大是专业化种植的一个必要条件。从中国家庭农场监测发展报告中可以看出，随着土地经营规模的扩大，家庭农场的种植作物数量会出现大幅下降后小幅增加的趋势。

（2）区域专业化。随着农产品大范围流通和区域布局现象的出现，农业区域专业化的问题受到较多关注。农业区域专业化可以发挥不同地区的比较优势，获得因集聚而形成的外部规模经济，它的衡量指标包括 Hoover 系数、某一区域内播种面积占总播种面积的比重、作物种类数、Krugman 指数、区位商指数、绝对集中率和相对集中率、赫芬达尔专业化指数等指标（Hoover, 1936；Carter & Lohmar, 2002；罗富民等，2013；王微恒、朱会义，2017）。

现有文献中，影响农业区域专业化的因素包括道路的便利性（Qin & Zhang, 2016；郭树华、李石松，2016）、交易费用（周端明、蔡敏，2000）、农业政策（吴娜琳、李小建，2017；Mora & San Juan, 2004）、非农产业就业拉力（吴娜琳、李小建，2017；伍山林，2000）、农业资源禀赋（李永实，2007；伍山林，2000）、能人带动（吴娜琳、李小建，2017；李小建等，2009；符钢战等，2007）、作物类型（杜建军等，2017）和土地经营规模（王微恒、朱会义，2017；胥亚男等，2016；Mora & San Juan, 2004；伍山林，2000）等。

在土地经营规模方面，文献中并未就土地经营规模对区域专业化的影响效应达成一致。王微恒、朱会义（2017）以 2010—2012 年 3 年的 11 省域为分析样本，对土地经营规模与中国农地利用专业化进行相关分析，发现土地经营规模既不是区域专业化的必要条件，也不是区域专业化的充分条件。但是，莫拉和圣胡安（Mora & San Juan, 2004）对 1979—1997 年西班牙的县域农产品专业化的演变进行分析，发现谷物生产用地对于县之间的专业化程度具有非常显著的正向影响，但影响系数较小。胥亚男等（2016）以河南省巩义市为例，选用了专业化指数对各乡镇的种植专业化进行分析，发现农作物播种面积较小的乡镇，它的种植作物的专业化水平较高，而人均耕地资源较丰富的地区，粮食生产总量占全国粮食总产量的比例越高，粮食生产的区域特征越突出（伍山林，2000）。

（3）服务专业化。在小农户长期存在的历史背景下，生产性服务业的快速发展被看成是小农户和现代农业有机衔接的联系体，很多学者的关注点开始聚焦于生产性服务业发展所形成的专业化。服务专业化实质上是一种纵向分工，它是实现农业规模报酬递增的可能途径，能够促进农业的现代化，是中国农业发展的现实选择（刘守英、王瑞民，2019）。学者们对此类专业化的研究思路主要集中在整地、收割等产中环节不同工序的外包，较少涉及农业产前、产中和产后等不同环节的外包。

现有文献中衡量生产环节外包程度的指标主要包括是否存在生产环节外包（罗必良，2017；李龙峰等，2018；梁志会等，2020）、生产环节的外包数量（胡霞，2009；陈江华等，2016）、外包的生产环节数量占总生产环节数量的比例（江雪萍、李大伟，2017）等。但是，对于生产主体来说，有些生产环节中的不同工序存在混合治理的现象（蔡荣、蔡书凯，2014），较难或无法明确外包生产环节的数量。在这些文献中，影响服务专业化的因素主要包括土地资源禀赋（宋海英、姜长云，2015）、劳动力工资（申红芳等，2015）、组织程度（杨丹、刘自敏，2011）、资产专用性、农业经营风险（陈文浩、谢琳，2015）、交易风险和交易频率（胡新艳等，2015）。

土地经营规模是影响服务专业化的重要因素。一般认为，土地经营规模与农业生产主体生产环节中不同工序的外包行为呈倒“U”形的影响趋势（刘凤芹，2006；胡霞，2009；胡新艳等，2015；陈江华等，2016）。随着土地经营规模的扩大，农户倾向于把一些生产环节进行外包（罗必良，2017）。一方面由于农业生产的复杂性和多样性，农户无法把所有环节全部由自己完成；另一方面土地经营规模的扩大会带来相应的农机、农业劳动力等生产性的投入增多，而由于农机资产专用性和劳动力供给约束的存在，农场自身无法承担全部生产工序。而随着土地经营规模进一步增加，由于寻求外包的不确定性和交易成本的增加，农户往往会选择自己购买农机来替代外包（胡宜挺、肖志敏，2014；杜志雄、刘文霞，2017）。而拥有较多农机的农场往往也会为周边的农户提供服务（杜志雄、刘文霞，2017），土地经营规模化也促进服务规模化的发展（罗必良，2017）。

（二）农业机械化生产影响因素的研究

由于国外的机械化过程完成时间较早，大概在20世纪，因此发达国家关于农业机械化相关研究内容的文献出现的比较早。国外的大多数文献是围绕着“拖拉机”展开的，其研究对象大致能分为三类：一是农机的总需求；二是农机的总投资；三是农机的净投资。在这方面，一般采用农机的机械价值作为衡量指标。这些文献的研究思路主要包括：基于宏观层面的较长时期的数据结构进行探讨拖拉机的需求的影响因素、利用门槛模型分析农户在拖拉机和役畜之间选择的临界规模（Whatley，1985；Clarke，1994）。

在国内，探究农业机械化水平提高和普及的关键影响因素一直是学者们致力于研究的问题，学者们分别从不同的视角开展了相关研究。家庭联产承包责任制后，最典型的土地经营特征是土地经营规模变小且较为分散和零碎。董涵英（1986）认为，这限制了大中型农机规模作业的可能性，促进了小型农机的发展；陈升（1986）认为农机的小型化也是与当前多数农民的资本积累水平和购买能力相适应的。随着 2004 年《农业机械化促进法》的颁布，学术界涌现出大量从不同的角度探究提高农业机械化的关键因素的研究。林万龙和孙翠清（2007）以省级层面的数据对农机私人投资的影响因素进行探讨，发现农民的土地经营规模、农户家庭的经营性收入是影响农机私人投资的主要因素。之后，相关文献涉及农机装备水平的影响因素时，一般会将这两个因素考虑在内，并且得到相对一致的结论（刘玉梅、田志宏，2009；颜廷武等，2010；纪月清等，2013）。但是侯方安（2008）研究发现土地的细碎化并没有对机械化的普及产生负面影响。在分析农业机械化的影响因素中，还包括家庭的人口规模（周晶等，2013）、劳动力的非农就业（纪月清等，2013）、地形（张宗毅等，2009；周晶等，2013；郑旭媛、徐志刚，2017）、农机购置补贴（张宗毅，2009；李红、周浩，2013；胡凌啸、周应恒，2016；钟真等，2018）、机械和劳动力的相对价格（刘凤芹，2006）、城镇化（方师乐等，2018）等。方师乐等（2018）在非农就业视角下借助我国 420 个地级市 2001—2003 年的面板数据较宏观地分析了城镇化对农业机械化的影响，得出城镇化促使了农业人口密度的减少和农业生产条件的改变，促进了机械化水平的提高。但是，随着经济发展水平的提高，两者的作用相对减弱。

虽然较多文献对土地经营规模与农业机械化水平之间的关系进行了阐述，但是关于两者关系的具体影响方向并未得出一致的研究结果。土地经营规模对农业机械化水平影响的相关文献的观点主要分为两种：一是土地经营规模是农业机械化水平发展的前提条件（杨印生等，2006；林万龙、孙翠清，2007；许庆等，2008；胡新艳等，2016）。二是土地经营规模与农业机械化水平的发展无直接因果关系（罗必良，2000；刘凤芹，2006；侯方安，2008；曹阳、胡继亮，2010；仇叶，2017）。第一种观点主要从以下几个方面进行阐述：机械的投入使用需要相应的土地经营规模与其匹配，且细小的土地经营规模增加了农机使用的物质成本，进而阻碍了农业机械化的资源投入（许庆等，2008）；较大的土地经营规模更容易发挥农机的规模效应（杨印生等，2006；林万龙、孙翠清，2007）。第二种观点认为小规模的土地经营并不会排斥机械化，主要从农机的可分性、农机社会化服务市场的发育、内生型机械服务市场的兴起、农机跨区作业服务的实现等方面阐述论证。刘凤芹（2006）以东北三省的568个种植户为例，土地经营规模从10亩到6000亩之间不等，研究发现，由于农业机械的可分性以及农机租赁市场的逐渐发育，土地经营规模并不是影响农业机械化水平的决定因素，决定因素来自机械与劳动力的相对价格变化；正是由于农机社会化服务市场的发育和“农机跨区作业服务”的实现，让小规模农户也能够实现高效率的农业机械化服务（薛亮，2008）。曹阳、胡继亮（2010）也认同这一观点，土地规模并不是农业机械化的必要条件和充分条件，在小规模的情况下依然可以实现机械化（侯方安，2008）。仇叶（2017）指出，小农是一类受到正规的农机社会化服务市场排斥的服务主体，而内生型机械服务市场的兴起才是小规模农户实现机械化的道路选择。

从理论上对相关农业机械化影响因素的文献进行论述后，在实证方面，不同学者对农业机械化的衡量指标也各异。较多学者利用农业机械总动力衡量农业的机械化水平（周振等，2016；高延雷等，2020）。但是，一方面，随着农业机械的发展，动力较低的农机不一定工作效能也低；另一方面，随着农机社会化服务组织的出现，农机跨区作业成为可能，生产主体拥有较低的农业机械总动力，并不意味着该生产主体的农业的机械化水平低，两者之间不存在严格的正向关系。陈云飞等（2020）利用1034户种植农户的数据，认为农户不使用农机的机械化水平为0，种植或收获环节使用农机的机械化水平为50%，种植或收获环节都使用农机的机械化水平为100%；曹阳、胡继亮（2010）把农户购买农机服务的支出作为农户机械化水平的代理变量；彭继权、吴海涛（2019）以综合机械化率作为机械化的衡量指标，这也是农业农村部对机械化程度的衡量指标。

（三）农业绿色化生产影响因素的研究

农业生产经营主体的绿色生产行为是农业绿色化生产的最终决定因素。

在农业面源污染严重和消费者需求变化的双重作用下，探究农业生产经营主体绿色生产行为的关键影响因素一直是学者们致力于研究的问题，学者们分别从农户自身禀赋特征、家庭特征、经营特征、外部环境等视角开展了相关研究。

农户自身禀赋特征包括性别、教育程度、是否接受过培训、风险偏好类型、绿色生产意识等方面。郑旭媛等（2018）认为，农业技术具有不同的属性，并且受农户的禀赋约束，病虫害防治技术更易被较年轻、受教育水平较高的男性户主所采用；测土配方施肥技术更易被受教育水平较高、对种粮有更大积极性的男性户主所采用（朱萌等，2015）；较年轻、受教育程度较高、对保护性耕作技术认知度较高的风险偏好型的农户采用保护性耕作技术的概率更高（夏雯雯等，2019；李卫等，2017；Feder et al.，2010）；秸秆还田技术更容易被受教育程度高的农户所应用（王舒娟，2014）。德尔康和克里斯蒂安森（Dercon & Christiaensen，2011）认为风险规避类型的农民不愿意研究使用新技术，夏雯雯等（2019）的观点也与此一致。技术培训是农户掌握农业新技术的学习渠道之一，它可以弥补不完全信息所带来的弱势地位（Foster & Rosenzweig，1996），能够降低化学投入品的使用量（应瑞瑶、朱勇，2015）和减少22%的氮肥使用量（Huang et al.，2012）。吴雪莲等（2017）认为技术培训频率的增加会加深农户对绿色农业技术的认知，而夏雯雯等（2019）则认为培训次数并非越多越好。

家庭特征的反映因素主要包括家庭劳动力数量、农业收入占家庭总收入的比重等方面。家庭劳动力数量较多的家庭农场倾向于采用普通化学农药以及抑制生物农药技术的应用（王志刚等，2012），但是劳动力数量却会显著促进农户采用保护性耕作技术（Weber，2011），而这种现象在老一代农民中更为明显（杨志海、王雨濛，2015）。此外，农业收入在家庭总收入中占的比重与农户采用节水型技术具有正相关关系（左喆瑜，2016）。

农户经营特征主要包括土地经营规模、地块集中度、土壤肥力、农业的年收入水平等方面。土地经营规模方面，土地经营规模的扩大会显著促进农户应用秸秆还田等资源化的利用方式（黄武等，2012），同时也受到农户采纳动机和抗风险能力的影响（吴雪莲等，2016）。韦伯（Weber，2011）同样认为土地经营规模的增大有助于农场采纳有机农业。纪龙等（2018）基于长江中下游6省29个县的农户调查数据分析发现，土地经营规模和地块集中度对农户化肥的减量使用有正向影响，但这种影响的边际效应会随着土地经营规模的扩大而减弱。高瑛等（2017）以山东省656个小农户组成的分析样本为例，分析了耕地特征、土壤肥力对生态友好型农田土壤管理技术采用的影响，得出耕地面积对于测土配方施肥具有正向影响，土壤肥力对于有机肥的施用具有负向影响。

外部环境特征主要包括政府技术推广、农户所在的村庄与市场距离、社会资本、周边农户特征、非正式制度和环境规制等方面。李曼等（2017）基于甘肃省394个农户的调查数据研究发现，政府技术推广会加深农户对节水灌溉技术的认知，扩大技术性信息的传播，从而推进农户采用节水型技术，另外，农户所在村庄与市场的距离等也存在影响（李想、穆月英，2013；张童朝等，2017）。李芬妮等（2019）基于在湖北省调查的1105个农户组成的数据，利用多变量probit进行估计，研究发现，非正式制度可以作为环境规制的替代制度，推动农户的绿色生产行为。

二、家庭农场生产方式的相关文献研究

（一）家庭农场内涵及功能定位研究

家庭农场是美国、日本、法国等国家农业的基本生产经营单位，而中国农业的基本生产经营单位一般为小农户，家庭农场作为舶来品，从2013年起才开始正式与专业大户、农民合作社并称为新型农业生产经营主体。根据2014年联和国粮食及农业组织的统计，世界上有超过5.7亿个家庭农场，在全球范围内所占农地的比例为70%—80%，粮食产值超过80%。施密特（Schmitt，1991）认为，家庭农场在工业化的非社会主义国家之所以具有主导地位和持久性，是因为其相对于雇佣农场的交易成本较低。加尔纳和坎波斯（Garner & de la O Campos，2014）通过回顾各国各地区的36种定义，发现大多数定义都承认家庭在管理农场经营中的作用，但是家庭农场的概念似乎超出了农业的能力、规模等，有些还与当地的文化和农村社区有密切联系。因此，他们提出一种术语来强调家庭农场最鲜明的特征，即“家庭农业是组织农业、林业、渔业、牧业和水产养殖生产的一种手段，由家庭管理和经营，主要依靠家庭劳

动，无论男女。家庭和农场之间相互联系、共同发展，并具有经济、环境、社会和文化功能。”

在家庭农场的界定方面，农业农村部认为它是规模化、集约化、商品化的生产经营主体。规模化是指相对于普通小农户，其生产经营的土地面积必须达到一定的规模；集约化是指农业生产要素能够得到充分有效使用，并且农业科学技术和机械化水平较高；商品化是指家庭农场的农产品主要进行市场交易并以追求利润最大化为基本目标。以此为基础，一些学者指出，由于中国人多地少和资源禀赋的约束，在当前农村劳动力转移不完全的背景下，如果过度追求土地规模的增加会挤压小农户的生存空间。所以，各地应当根据实际情况界定家庭农场的规模，有时，拥有 10 亩土地的家庭也可以称为家庭农场，“小而精”的家庭农场模式适合我国的基本国情（黄宗智，2014）；相关学者更进一步指出，家庭农场是具备职业特征和体面收入的微观农业经济组织（杜志雄、肖卫东，2014），并且家庭农场具有企业的性质，生产主体是新时代的职业农民（万江红、管珊，2015）。反之，也有观点认为，家庭农场只是处于农户与农业企业之间的中间型经营组织（高帆、张文景，2013）。

那么，在中国的语境中，家庭农场是如何形成的？它与普通小农户的区别在哪？一般认为，家庭农场是从小农户中孕育出来，并且克服小农户农业生产要素集约度不高、农产品商品化率低等生产弊端。在家庭农场发育方面，一些学者认为家庭农场是我国家庭经营制度的继承和完善，是从传统家庭经营的“小农户经济”或种植专业大户中孕育和发展出来的（杜志雄和王新志，2013；高强等，2013；万江红和苏运勋，2016）。伍开群（2013）、刘灵辉（2015）、杜志雄和王新志（2013）等认为家庭农场保留了“小农户”的家庭经营优势，同时又克服了小农户生产经营的土地规模较为细碎、机械化水平不高等弊端，从而有助于破解中国未来农业市场经营主体的稳定性和持续性难题，是制度成本最低而效率最高的农业微观组织形式。

家庭农场作为新型农业生产经营主体之一，与合作社、龙头企业等其他新型农业生产经营主体相比，它的功能定位主要是生产主体，为农产品的供给方。2013 年党的十八大报告中提出“培育新型农业经营主体”，在整个新型农业生产经营体系中，家庭农场占据主体地位，是新型农业生产经营主体的主力军（郭熙保、冷成英，2018）。具体表现为，家庭农场是小规模农户提高农业生产经营水平的示范带动者，是组建和领办农民合作社的核心参与者，是农产品加工企业生产原料的主要提供者（张红宇、杨凯波，2017）。家庭农场在整个农业生产链条中处于农产品的供给方，而其他主体是需求方或供给方与需求方的结合体（何劲等，2018；涂洪波、鄢康，2018）。另外，与其他新型农业经营主体相比，家庭农场对农业信息的需求主要集中在生产端（韩旭东等，2018），家庭农场在农业生产产业链的功能主要是供给农产品（何劲等，2018），经营绩效最高（高鸣等，2018）。

对于中国而言，较多学者阐述了家庭农场在未来农业发展过程中的重要性。家庭农场作为政府突出抓好和重点培育的新型农业生产经营主体，目前纳入农业农村部名录系统的农场接近60万家，比2013年增加了4倍多，家庭农场数量在稳步增加的同时质量也日益提升①，生产过程更加注重科技现代化、绿色循环发展、专业化发展等方式（杜志雄，2019）。张红宇（2018）认为家庭农场在整个中国农业生产经营体系中，是农户经济发展的基本方向，是最适合农业生产的实践者和组织形式（杜志雄，2018；韩朝华，2017），并且在农业生产中具有稳定的主导地位（联合国粮食及农业组织，2014）。家庭农场作为重要和合意的农业生产经营主体，处于农业产业振兴的核心地位，是最适合农业生产的实践者（杜志雄，2018），应该把家庭农场置于新型农业生产经营主体的核心来培育（杜志雄，2019）。

整体来看，家庭农场是规模化、集约化、商品化的生产主体，它的存在和发展不仅是农户的理性选择，并且也是当前社会发展阶段下承载中国政策目标实现的重要生产主体。

（二）家庭农场专业化生产研究

家庭农场专业化问题起初在国内受到关注是农户专业化的视角。随着农业劳动力不断从农村迁移到城市，中国农业家庭生产经营组织面临着专业化和兼业化这两种选择，而家庭农场的形成和发展实质上是农户专业化的一种典型形式，即专注于农业的生产活动，以农业收入作为家庭获取收入的主要来源

① 人民日报海外版：《家庭农场发展风生水起》，http：//paper. people. com. cn/rmrbhwb/html/2019－10/11/content_1949768. htm，2019年10月11日。

（赵佳、姜长云，2015）。张清津和王新志（2016）指出，家庭农场的形成源于农业劳动监督成本的下降，最终源于农业生产的工业化和专业化。在种植作物方面，郜亮亮（2020）以中国31个省种植类家庭农场2014—2018年的监测数据为分析样本，通过描述性统计的分析方法，发现平均每个种植类农场种植的作物种类数是2种，其中第一种主要作物的种植面积占总面积的比例超过83%。

家庭农场由于土地规模化的经营特征内生出的合作意愿较强，以及政府一直在推行农业社会化服务体系的建设，学者们的关注焦点逐渐集中于家庭农场的服务专业化方面。家庭农场有增加单一产业获得规模效益的动机，也具有实现农业生产过程纵向分工一体化的动机（张清津、王新志，2016）；陈纪平（2017）通过对美国和日本家庭农场专业化服务利用情况的阐述，认为家庭农场由于规模小和数量多，从而在市场中购买农资和农产品销售的两端处于弱势地位。因此，在规模经济的驱动下，当前制度特征和农业技术现状决定了现代农业组织形态应该以家庭农场为基础，并通过专业化服务组织和合作组织实现农业生产经营的分工专业化。相关研究也发现，在农资供应、质量检验、电子商务等8类生产性服务中，农场类生产主体对于农资供应、农产品运输销售的服务需求更为强烈（张晓敏、姜长云，2015；庄丽娟等，2011）。但是，家庭农场服务需求内容与社会化服务体系的服务供给内容的差距将是制约家庭农场发展的重要因素（岳正华、杨建利，2013）。依据不同新型农业生产经营主体功能定位，家庭农场将成为未来中国农业的基本生产主体，农民合作社则是为农业生产主体提供社会化服务的组织（孟丽等，2015）。安徽等地探索的农业产业联合体实质上就是建立在农业分工基础之上的产业化组织形式，家庭农场的农业分工应该是负责生产（蔡海龙，2013），各类农业生产经营主体在产业链中各司其职，有助于降低交易成本和提高资源的配置效率，是未来农业产业化经营组织的方向。

从以上的分析中可以看出，文献中学者们对家庭农场的服务专业化的分析目前仍局限于家庭农场和服务主体如何有效对接的阶段，而没有落实到具体家庭农场的哪些禀赋特征会影响家庭农场参与到社会化服务体系中来，影响家庭农场因纵向分工所形成的专业化水平。

（三）家庭农场机械化生产研究

相对于普通小农户，家庭农场对于农机等现代化设备的需求有很大的不同，现有家庭农场机械化的相关文献主要集中于家庭农场机械化实现的选择途径方面。然而，对于回答家庭农场机械化水平最原始的问题，全国家庭农场的机械化水平到底如何？有哪些因素在影响它的机械化水平？现有文献尚缺少深入的分析。韩志华等（2014）指出2012年上海松江区家庭农场的机械化耕作率已经达到了100%，水稻的机收率和机播率分别达到99.5%和30%，但是却没有对哪些因素影响机械化水平做深入分析。杜志雄（2019）基于全国家庭农场监测数据分析发现，家庭农场是先进农机的使用者，在2017年2947个家庭农场组成的有效样本中，拥有拖拉机的农场超过七成，超过三成的农场拥有联合收割机，接近两成的农场拥有插秧机，超过一成的农场拥有烘干机。

冀县卿等（2019）认为，家庭农场规模偏小的话，可能不利于农业机械作业的应用，而适度的规模经营则有利于家庭农场的机械化作业（苏昕等，2014）；在家庭农场机械化实现的选择途径方面，一般通过两种途径：一是自购农机，二是购买农机服务。王新志（2015）基于新兴古典经济学的视角研究了家庭农场是自有还是雇佣农机服务的两难境地，得出“家庭农场等规模化生产主体对于农机的需求正在由自给自足演化到接受专业化的服务”。杜志雄、刘文霞（2017）认为，在农机社会化服务市场不健全和农机补贴的双向作用下，家庭农场往往会选择自己购买农机。

（四）家庭农场绿色化生产研究

现有家庭农场绿色化研究的相关文献主要集中在家庭农场绿色生产行为的影响因素方面。蔡颖萍、杜志雄（2016）基于全国1322个家庭农场，利用Logistic方法分析家庭农场的绿色生产行为，发现家庭农场的生产行为已初具生态自觉性。杜志雄（2019）也提出“家庭农场正在成为中国农业绿色发展具有生态自觉意识的领头雁”的论断。

家庭农场绿色生产行为的影响因素主要包括家庭农场主禀赋特征、家庭农场禀赋特征和外部市场环境等。王兴国等（2018）利用371个粮食类家庭农场监测数据，基于 Logisitc 回归模型对家庭农场与周边农户的农药施用量的关系进行实证研究，得出如下研究结果：家庭农场主的年龄越大、从业经历越丰富、受教育水平较高、从事规模经营年限越长以及家庭农场获得“三品一标”认证、拥有玉米类家庭农场、与农业龙头企业有联系、获得政府补贴等变量能够显著减少农场与周边农户相比的农药施用量。夏雯雯等（2019）基于 2017 年黑龙江、江苏和四川 3 省的 452 个家庭农场调研数据，对家庭农场经营者的受教育年限、培训次数、从业经历、年龄、性别、风险偏好等相关特征与农场应用绿色生产技术间的关系进行了统计描述性分析和解释。研究发现：受教育时间越长、接受过培训的家庭农场经营者更倾向于应用绿色生产技术，但并非培训次数越多越好；年轻、风险偏好型的家庭农场经营者应用绿色生产技术的概率较高；女性、习惯运用移动网络的家庭农场经营者应用绿色生产技术的概率较高。蔡颖萍等（2020）基于全国家庭农场监测数据对养殖类家庭农场的畜禽粪污处理方式和它的影响因素进行研究，研究结果发现，超过 65% 的养殖类家庭农场将畜禽粪污用作有机肥或饲料。并且，农场主的教育水平、接受过培训对畜禽粪污的资源化利用具有正向影响。

高杨等（2017）认为，家庭农场采纳绿色防控技术需要经过信息获取、采纳意愿以及采纳程度三个步骤，通过以黄淮海平原 5 省 676 个家庭农场组成的调研数据为分析样本，借助双变量 Probit 和线性回归模型进行回归分析，研究结果发现，农场主的教育水平、农机部门的推广力度、技术的感知易用性和有用性均对农场应用绿色防控技术的采纳意愿和采纳程度具有显著正向影响。王小楠等（2018）以黄淮海平原 366 个家庭农场组成的实地调研数据为分析样本，利用全局 Moran's I，通过构建贝叶斯空间杜宾 Probit 模型进行实证研究，得出的研究结果表明，相邻的家庭农场采纳有机农业的行为存在空间相关性，其中，相距 2km 以内的家庭农场采纳有机农业的空间依赖行为最强。曹铁毅等（2020）基于江苏省金湖县的 606 个家庭农场数据，利用有序 Logistic 模型，分析了人力资本和社会资本对测土配方施肥行为的影响，并且把人力资本分为通用性和专用性两种，把社会资本分为政治型、声誉型和社区型三种，研究结果得出，两类资本均对测土配方施肥技术的使用有显著作用，并且两种资本存在替代效应。

三、土地经营规模内生性问题的相关文献研究

如果进行土地经营规模对专业化、机械化和绿色化农业生产方式影响的实证研究，可以知道，土地经营规模存在内生性问题，而此项问题会使计量估计结果不一致。土地经营规模的内生性问题主要由自选择、遗漏重要解释变量和双向因果关系三方面原因引起。土地经营规模本身是一种“自选择”行为，其土地经营规模受到自身禀赋特征等条件的影响，并非随机发生的。现着重以双向因果关系为例分析，从现有文献的研究结论中可以发现，不仅土地经营规模会对专业化、机械化和绿色化产生影响，专业化、机械化和绿色化的生产方式也会对土地经营规模产生影响。专业化方面，姜松等（2016）指出健全的农业社会化服务（专业化）是适度规模经营的重要前提，即对于土地的适度规模经营起到了正向推动作用，土地规模经营和服务规模经营并不矛盾（罗必良，2017）；机械化方面，机械化水平的提高会正向促进土地经营规模的增加（Olmstead & Rhode，2001；王春来，2014；郭熙保、冷成英，2015；郭熙保、冯玲玲，2015；郭熙保、冷成英，2018；杨进等，2018；张露、罗必良，2018）。比如，郭熙保、冷成英（2015）通过对郎溪家庭农场土地经营规模的分析发现，如果机械化作业比较成熟，种植类家庭农场的土地经营规模也偏大；绿色化方面，经营规模能够显著正向促进农户采用绿色生产技术（孙小燕、刘雍，2019）。因此，若不考虑土地经营规模内生性问题，则会影响土地经营规模对专业化、机械化和绿色化生产方式影响的估计结果。

四、文献评述

本节主要从农业生产方式影响因素、家庭农场内涵及功能定位、家庭农场生产方式以及土地经营规模内生性问题等方面，对现有文献进行了回顾和整理。已有文献在研究视角、研究方法及变量选择等方面，都为本书的设计和开展提供了基础和参考。但是，根据已有文献的研究成果，家庭农场生产方式相关方面的研究尚存在可以进一步改进的学术空间。

第一，中国农业生产方式转变与家庭农场生产方式特征方面。单独研究中国农业生产方式和家庭农场生产方式的文献较多，但是，较少有学者把家庭农场生产方式的研究置于中国农业所处发展阶段的背景下，因此未能把家庭农场生产方式与现阶段中国农业生产方式进行有机衔接。

第二，专业化农业生产方式特征方面。虽然不同学者从不同角度界定了农业专业化的具体内涵，但是，家庭农场作为具有职业属性的微观农业生产主体，较少有学者从家庭农场在新型农业生产经营体系的功能定位出发，关注家庭农场因专注于生产所形成的专业化。

第三，机械化农业生产方式特征方面。现有家庭农场机械化的相关文献主要集中于家庭农场机械化实现的选择途径方面，然而，对于回答家庭农场机械化水平最原始的问题，全国家庭农场的机械化水平到底如何？有哪些因素在影响它的机械化水平？现有文献尚缺少深入的分析。

第四，样本数据方面。以家庭农场为研究对象的农业生产方式文献中，已有研究大多采用的样本数据是由某几个省份或某一地区的家庭农场构成，此类数据结构不利于反映全国家庭农场发展的整体情况。

因此，本书将从现阶段中国农业生产方式特征及其转变的视角出发，基于全国粮食类家庭农场监测数据，研究家庭农场在现阶段中国农业生产方式转变中所起的作用，重点关注土地经营规模对家庭农场专注于生产的专业化、机械化和绿色化生产方式特征的影响。

第二节　理论基础

上一节的文献回顾和文献评述为本书研究的开展提供了基础和参考，此节进一步阐述土地经营规模对家庭农场专业化、机械化和绿色化农业生产方式影响所依据的理论基础。

一、农户行为理论

在农户行为理论中，学界对于农户的行为是否理性存在争论。一部分学者认为农户行为不符合经济理性人的假设，农户所做出的决策是不理性的。比如，恰亚诺夫（Chayanov）认为农民经济组织是生存小农理论。它是集生产与消费于一体的组织，它的经济活动量有赖于劳动消费均衡论（劳动供给的辛苦程度与其所增加产品的消费满足感的均衡）和家庭生命周期说（家庭规模和劳动/消费比率随着时间的变化呈现出周期性），而难以建立在成本收益权衡的基础上。此学说虽然证实了家庭农场在农业中的稳定性，但是忽略了农业的产业特性以及市场因素对农业生产的影响。斯科特（Scott）认为农户的生产中存在风险和不确定性，其目标是基于低风险而非经济理性人的假设。一部分学者认为农户行为是经济理性的。如舒尔茨（1964）认为农户是理性的，提出了“贫困而有效率”的研究假设。他认为传统农业生产中并不存在隐蔽失业的问题，并且各种生产要素的配置也是有效率的，指出传统农业生产滞后的根本原因是现代生产要素的缺乏。农业只有通过教育、培训等投资作为生产要素之一的农民才能成为经济增长的源泉。波普金在《理性小农》中进一步深化了舒尔茨的观点，提出小农是一个能够通过权衡经济利益，做出追求利益最大化的合理决策的经济理性人①。

家庭农场作为一种农户形式，基于家庭农场自身特征和国家对家庭农场的功能定位，采取家庭农场是经济理性农户的假设。家庭农场是具有职业属性的微观农业经济组织（杜志雄、肖卫东，2014），具有企业化的特征（万江红、管珊，2015），其生产的农产品主要用以市场交易，基本目标是追求利润最大化，如何提高农业收入降低生产成本是其着重考虑的问题。上述论证可以从家庭农场劳均纯收入的水平看出，2018 年种植类家庭农场劳均纯收入 7.29 万元左右②，该收入水平是 2017 年农村居民可支配收入 14617 元③的 5 倍，超过 2018 年全国城镇居民可支配收入 39251 元的 0.6 倍和 2018 年农民工年工资水平 44652 元④的 0.8 倍。

---

① 转引饶旭鹏：《国外农户经济理论研究述评》，《江汉论坛》，2011 年第 4 期，第 44 页。

② 数据来源：《2018 全国家庭农场监测报告》。

③ 农村居民可支配收入和城镇居民可支配收入均来自《中国统计年鉴 2019》。

④ 国家统计局：《2018 年农民工监测调查报告》，http://www.stats.gov.cn/tjsj/zxfb/201904/t20190429_1662268.html，2019 年 4 月 29 日。

二、规模经济理论

规模经济理论是指在特定的生产技术水平下，随着生产产品产量的增加，进而促使生产产品平均成本持续下降的现象。规模经济中所指的规模为生产要素投入量的增加，既包括某一种生产要素的增加，也包括多种生产要素投入量的增加。产生规模经济的来源可能分为三个方面：一是分工和专业化。分工有助于提高某一具体操作的熟练程度，提高生产效率，进而降低产品的生产成本。二是要素的不可分性。由于机械设备具有不可分性，只有当规模扩大后，才能充分发挥这些设备的生产能力，从而能够降低单位固定成本的数值。三是所获得生产要素的价格相对较低。规模较大的企业，在一些生产要素的价格谈判上相对处于优势地位，从而容易获得较低的单位生产成本价格。

如果把规模经济理论应用在本书研究问题中，所指的主要是土地规模经济。随着土地经营规模的增加，家庭农场实现农业机械化的单位成本下降，主要包括自家农机作业服务（平均每年折算的农机购置费＋农机固定损耗费＋油费）的亩均成本更低以及由于规模优势导致的购买农机服务的亩均成本更低。

三、分工理论

分工理论中认为分工是指一个生产流程被分成若干个子任务，从而使参与者获得专业化的技能①。1776 年，亚当·斯密在《国富论》中以制作扣针为例，首次提出分工理论，认为分工可以提高生产效率。与相同数量的工人各自执行原始的广泛任务所实现的工作相比，工人在单个子任务中的专业化和专心程度往往可以提高其特定子任务的技能和生产率，也避免了从一种工作转移到另一种工作中所付出的时间成本。分工的程度受限于市场容量，而交通运输条件又决定了市场容量的大小。杨格在此基础上，更进一步提出“劳动分工取决于市场规模，市场规模又取决于劳动分工”的命题。具体表述为，劳动分

① 资料来源于维基百科，http：//wikipedia. moesalih. com/Division_of_labor。

工水平的提高，会促进某种产品的生产出现规模报酬递增，进而此产品的单位生产费用降低，生产效率增加，生产效率的增加又会促使生产销路的扩大，进而拉动产品分工水平的提高，即迂回生产程度加深。以杨小凯为代表的新兴古典经济学通过对亚当·斯密和杨格的分工思想进行继承和发扬，结合和拓展了新古典经济学微观理论，创立了新兴古典经济学的分析框架。

新兴古典经济学将新古典经济学研究稀缺资源有效配置的学问转变为研究经济决策中两难冲突的学问。在新兴古典经济学中，分工网络效应和专业化经济是被用来描述生产条件的，以超边际分析方法分析了分工产生和深化的原因。基于内生绝对优势和外生比较优势阐述了分工产生的原因，以个人最优化与市场均衡的方法论证了分工深化的原因。杨小凯认为由于分工产生的正网络效应和交易成本的存在，如果单位商品的交易成本下降，则交易成本可能会低于由分工引起的正网络效应，那么经济就会从自给自足演进到专业化分工。如果交易的交易成本增加，专业化分工水平的提高则会被限制。另外，专业化分工的重要因素还包括交易效率，交易效率是指“如果一个人购买 1 单位（元）商品时，他实际只得到 k 单位（元）商品，那么损失掉的 1 - k 单位（元）即为交易成本，而 k 单位则称为交易效率”。

按照新兴古典经济学的理论，如果分工所带来的好处超过交易费用的话，那么随着交易效率和专业化经济程度不断提高的话，分工的水平会逐渐提高。因此，结合家庭农场，也可以这么说：如果家庭农场从分工中获得的收益高于分工所产生的交易成本时，家庭农场的分工可能就会实现，并且这种分工实现的程度随着交易效率和专业化经济程度的提高而增加。

四、交易成本理论

新帕尔格雷夫经济学大辞典认为交易成本来源于私人产权或者说财产权的交换，科斯（Coase，1960）说任何导致背离帕累托最优状态的成本都可以解释为交易成本，这打破了新古典经济学的“零经济成本”交易的研究假设，他认为狭义的交易成本是指个人在交易过程中所付出的时间和努力，对于企业而言，广义的交易成本不仅包括企业内部的交易成本，还包括企业外部的交易成本，任何背离帕累托最优的状态都可以归因于交易成本。科斯认为交易成本包括“度量、界定和保障排他性权利的费用，发现交易对象和交易价格的费用，讨价还价、订立合同的费用，督促契约条款严格履行的费用等”，道格拉斯·诺斯（Douglass North，1992）认为交易成本包含四个因素，分别为评估（整个交易过程中的商品或服务的平均价值）、强制执行（不偏袒任何一方的第三方）、价值观、市场的大小。达尔曼（Dahlman，1979）把搜寻信息成本、谈判决策成本、制定实施成本归纳为交易成本的三个方面。威廉姆森（Williamson，1979）认为交易成本不仅是公司制度理论的关键，还是制度经济学的一个新领域，并且将交易成本分为事前交易成本和事后交易成本，同时威廉姆森认为交易成本是在交易过程中“寻找交易对象、协商过程中的讨价还价费用以及签约后的监督和执行费用”。

交易成本的发生根源于人的有限理性和机会主义倾向（Williamson，1979），也根源于社会分工（卢现祥、朱巧玲，2012）。诺斯认为在社会分工不断深化和细化、工人专业化水平不断增高的情况下，必须付出一定的管理成本来维持相应的产权体系，管理成本也就是所谓的交易成本。某种程度上，交易成本可以降低不确定性，并且有助于降低交易量。在没有交易成本存在的情况下，交易的网络是不确定的，并且无法对总交易量形成约束。但是，交易成本的存在会促使个人有很强的动机去节省交易量，科斯（Coase，1937）认为企业是节省交易成本存在的一种方式。

参考达尔曼、威廉姆森等的定义，交易成本被认为是在交易过程中“寻找交易对象、协商过程中的讨价还价费用以及签约后的监督和执行费用”。以家庭农场参与分工为例，分析家庭农场参与分工所产生的交易成本组成，以期为下文的分析奠定基础。此类交易成本大概可以分为三部分：一是由于信息不对称的存在，家庭农场在生产性服务市场搜寻信息和选择交易对象所带来的直接成本和花费时间的机会成本；二是家庭农场在选定交易对象时会带来价格商定、明确服务内容等产生的直接成本和花费时间的机会成本；三是交易对象在对家庭农场进行服务时，对交易对象进行监督等产生的直接成本和间接的时间成本。

五、诱致性技术变迁理论

诱致性技术变迁理论是指由于资源稀缺性的变化所引起的要素相对价格的

变化，进而对于技术的变革产生诱致性作用。例如，由于土地供给缺乏弹性给农业发展带来的限制可以由生物技术的发展而抵消，由于劳动力供给缺乏弹性给农业发展带来的限制可以由机械技术的发展而抵消。并且，农业生产者依据生产要素的相对价格的变化，会通过市场机制以相对廉价的充裕生产要素替代价值相对高昂的稀缺生产要素，而且尽力应用节约稀缺生产要素的技术，用来降低缺乏供给弹性的生产要素对农业生产造成的抑制作用。因此，家庭农场对机械的选择使用是由于生产要素相对价格的改变促使家庭农场获取机械使用的价格相对较低。

诱致性技术变迁理论在阐述机械选择时，重点聚焦了生产要素的价格，并未对土地经营规模进行较多论述，仅仅假设土地经营规模与机械动力存在较为简单的线性关系。其实，这也说明土地经营规模对于农业机械化的发展起到了一定的约束作用。

六、计划行为理论

计划行为理论认为依据个体的行为意向及计划就可以判断和预测个体实际的行为。艾森（Ajzen，1991）认为个体的实际行为受到三种信念的影响，包括行为信念、规范信念和控制信念。具体看，行为信念包括其拥有的对于行为结果的信念，会影响个体对于某种行为的态度；规范信念指的是个人感受到或预期到外部环境或其他团体对其是否执行此项行为的期望，从而影响个体对于某种行为的主观规范；控制信念包括个体感知到的可能促进或阻碍其实施某项行为的影响因素，主要影响个体的感知行为控制。所有的这些因素共同影响个体的行为决策，一般认为，个体拥有越强烈的行为意向，其采取实际行为的概率越高。

结合计划行为理论，以家庭农场的绿色化生产为例进行分析，家庭农场对于农业的绿色化生产具有较强的行为信念、规范信念和控制信念，这些因素促使家庭农场对于采取绿色化生产具有强烈的行为意向，从而引起家庭农场采取绿色化生产的概率增高。家庭农场具有强烈的行为信念大致是由于家庭农场能够认知到绿色化生产行为的实施对家庭农场农产品产量和农业收入水平的提高具有显著正向影响；家庭农场具有强烈的规范信念大致是由于消费者对于高质量农产品的持续需求以及政府持续鼓励和补贴具有绿色生产行为的家庭农场；家庭农场具有强烈的控制信念大致是由于家庭农场的经营者一般生产能力和收入水平较高（曹瑞芬、张安录，2015），从而保障了家庭农场有足够的生产能力和收入水平来采取绿色化生产，进而降低了家庭农场在采取绿色化生产过程中的阻碍。

第三节 理论分析框架

基于上述对农户行为理论、规模经济理论和分工理论等理论基础的梳理和阐述，并且以上述理论基础为逻辑起点，从研究问题（土地经营规模是否会对家庭农场生产方式产生影响？影响效应如何？）出发，本书构建了理论分析框架（见图2-1）。

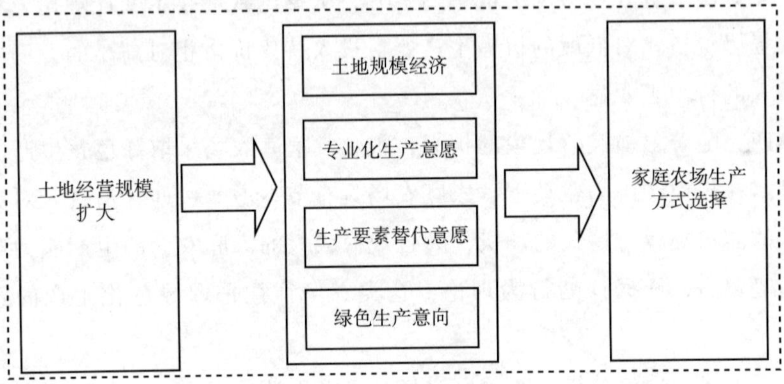

图2-1 全书理论分析框架

全书的理论分析框架展示了如下逻辑：随着土地经营规模的扩大，家庭农场容易形成土地规模经济，并且土地规模扩大会影响家庭农场专业化生产意愿、生产要素替代意愿和绿色生产意向，进而最终影响家庭农场生产方式的选择。

第一，依据规模经济理论，相对于土地经营规模较小的家庭农场，土地经营规模较大的家庭农场由于规模经济的存在，家庭农场生产单位农产品所花费的生产成本相对偏低。在家庭农场机械化和绿色化的生产方式特征方面，具体表现为：土地经营规模较大的农场应用农机（包括自置农机投入或获取农机服务）的亩均生产成本相对偏低和应用绿色生产技术的亩均生产成本相对偏低。

第二，随着土地经营规模的扩大，家庭农场专业化生产意愿增强。依据新兴古典经济学分工理论，当家庭农场从分工中获得的收益大于分工所产生的交易成本时，家庭农场便倾向于把一些自身不具备优势的环节分工出去。而这种倾向更容易发生在土地经营规模较大的农场中，假设分工产生的交易成本不随土地规模变化，土地规模较大的农场由于其交易量较多，在分工中所获得的收益往往较多，从而其专业化生产意愿增强。

第三，随着土地经营规模的扩大，粮食类家庭农场要素替代的意愿增强，要素替代主要体现在以机械投入替代劳动力投入。由于土地经营规模扩大所带来的农业活动的复杂性等增强，考虑到农业生产的季节性特征，与劳动力相比，机械的作业效率远高于劳动力的作业效率，应用农机可以有效避免农时的贻误。尤其是随着农业劳动力成本的上升，依据诱致性技术变迁理论，粮食类家庭农场以价格相对低廉的机械生产要素投入替代价格相对高昂的劳动力生产要素投入的行为更明显。

第四，随着土地经营规模的扩大，粮食类家庭农场采取绿色化生产的意向更明显。在规模经济的驱动下，家庭农场具有节本增效、迎合消费者对高质量农产品的需求等较为持久的动机，并且规模较大的家庭农场的生产能力和收入水平一般较高，依据计划行为理论，这类农场往往采取绿色化生产的意向更明显。

根据上述的理论分析，在家庭农场是经济理性生产主体的前提下以及在土地规模经济的驱动下，随着土地经营规模增加，家庭农场会权衡各项成本收益，最终做出农业生产方式的选择。

第四节　本章小结

本章首先通过对农业生产方式影响因素、家庭农场生产方式和土地经营规模内生性问题研究等相关文献的回顾，明确了已有研究中尚存在需要进一步改进的学术空间。已有文献从研究视角、研究方法以及变量选择等方面，都为本书的设计以及开展提供了基础和参考。但是，已有研究较少把家庭农场生产方式特征与中国农业生产方式进行联系、较少关注家庭农场专注于生产的专业化水平、较少涉及土地经营规模对家庭农场机械化水平的影响，即使有所涉及，也并未明确两者之间具体的影响方向等方面。

其次，在文献回顾和文献评述的基础上，依据农户行为理论、规模经济理论等作为研究开展的理论基础。在农户行为理论方面，本书选用家庭农场是经济理性农户的行为假设。

最后，以上述理论基础为逻辑起点，从本书的研究问题出发，构建了全书的理论分析框架。全书的理论分析框架展示了如下逻辑：随着土地经营规模的扩大，家庭农场容易形成土地规模经济，并且土地经营规模的扩大会影响家庭农场专业化生产的意愿、生产要素替代意愿和绿色生产意向，进而最终影响家庭农场农业生产方式的选择。

第三章　中国农业生产方式转变与家庭农场生产方式特征

本章首先对农业生产方式的内涵与外延进行了界定；其次，梳理和归纳了中国农业生产方式所展现出的不同阶段性特征，同时着重阐述了现阶段中国农业生产方式转变的方向；最后，重点论述了家庭农场在现阶段中国农业生产方式转变中的作用。

第一节　农业生产方式的内涵与外延

一、农业生产方式的内涵

马克思所讲的生产方式包含两层含义：一层含义是生产过程中的技术条件，另一层含义是生产过程中的社会条件。生产过程中的技术条件指的是生产过程中的技术水平，主要包括劳动者的生产素质、生产资料性质和规模、科学技术水平的发展及其在生产过程中的应用。生产过程中的社会条件指的是在整个生产过程或某个生产过程中的组织形式。依据马克思和恩格斯的论述，客观性、社会性和历史性是生产方式的三种特征。客观性是指无论在何种社会发展阶段下，人们都无法主观地决定和人为选择某种生产方式；生产方式由某一社会发展阶段的生产力水平所决定，比如，人们生产应用何种技术、以什么样的组织形式进行生产、生产资料与劳动者怎样结合以及利用哪种方式配置生产要素等一系列的生产方式均由生产力水平决定。社会性是指生产方式除了受生产力发展水平的约束外，还与一定的社会生产关系有不可分割的联系，具有特殊的社会性质[①]；历史性是指生产方式不仅由一定的生产力发展水平决定，与一定的社会关系有内在联系，还与当时经济社会等的发展阶段相适应[②]。

在生产方式含义的基础上，关于农业生产方式的内涵，学者们并未达成一致的观点，现有文献主要包括三种不同的阐释。第一，农业生产方式在不同的层次指代不同的含义。周绍东（2016）按照具体内容把农业生产方式分为微观、中观和宏观三个层面。微观指的是农业劳动者和生产资料或农业生产各要素进行结合的方式和方法，包括生产的组织形式及生产要素配置安排等；中观层面指的是农业劳动者和生产资料如何在区域和产业间进行结合；宏观指的是农业劳动者和生产资料如何在宏观层面进行结合。第二，农业生产方式由多个横向并列方面的性质组成。邵明伟（2009）认为，劳动者具备的生产技能等生产的技术条件、生产过程中利用分工等方式产生的组织条件、基于交换所产生的社会生产方式以及与社会性质相适应的生产社会形式等组成了农业生产方式的四个方面。第三，农业生产方式仅包含上述的某一种性质。王乃明（2013）认为，由生产力所决定的生产方式，包括生产形式、组织形式；张尧（2015）把个体分散经营、人民公社和家庭承包三种组织形式认为是农业生产方式。

因此，结合生产方式的含义，参考其他学者对农业生产方式的界定，本书尝试把农业生产方式的内涵概括为：不同生产力水平下农业生产过程中的技术条件和社会条件，具体包括农业生产过程中不同生产环节的组织方式以及农业生产技术在农业生产过程中的采纳和应用等一系列的要素，强调资源利用效率和技术应用。

二、农业生产方式与农业发展方式、农业经营方式内涵辨析

在对农业生产方式的内涵界定之后，需要明确的一点是本书所指的生产方

① 马克思在《资本论》第1卷中曾明确指出了生产方式和生产关系的内在联系。马克思指出："我要在本书研究的，是资本主义生产方式以及和它相适应的生产关系与交换关系。"

② 马克思在《资本论》第3卷中指出："对资本主义生产方式的科学分析却表明：资本主义生产方式是一种特殊的、具有独特历史规定性的生产方式；它和任何其他一定的生产方式一样，把社会生产力及其发展形式的一定阶段作为自己的历史条件，而这个条件又是一个先行过程的历史结果和产物，并且是新的生产方式由此产生的现实基础；同这种独特的、历史规定的生产方式相适应的生产关系……具有独特的、历史的和暂时的性质。"

式区别于农业发展方式、农业经营方式、农业生产经营方式等概念。由于有一部分文献在农业生产方式、农业发展方式、农业经营方式和农业生产经营方式等几个概念的含义阐释中存在交叉混乱的现象。因此，为避免混淆，有必要在此对这几组概念的关系进行辨析。

农业生产方式包含于农业发展方式之中，是农业发展方式的一种具体实现方式。农业发展方式指的是促进农业发展实现的途径和方法，主要涵盖农业生产要素配置方式、农业结构（生产结构、投入结构以及技术结构等）的变化以及农业发展相关的制度及对其的影响（石爱虎，2012）。从农业发展方式的概念能够看出，农业发展方式涉及的内容范围远大于农业生产方式所包含的内容范围，农业生产方式着重于农业发展方式中农业结构的变化方面，强调资源利用效率和技术应用。《国务院办公厅关于加快转变农业发展方式的意见》中指出“转变农业发展方式要着力转变农业经营方式、生产方式、资源利用方式和管理方式”，从这个表述中，可以进一步总结出农业生产方式是农业发展方式的一种具体实现方式。高昕（2018）利用中国2000—2014年的宏观数据，用农业生产方式、农业经营方式、宏观管理方式和资源利用方式作为二级指标用以构建衡量中国农业发展方式的转变指数，以综合指数法对中国农业发展方式转变的进程进行评价，发现中国农业生产方式转变的指数与中国农业发展方式转变的指数的变化趋势具有明显一致性。

农业生产方式是农业经营方式本质属性的反映，而农业经营方式是农业生产方式的基础，是其表现形式。农业生产方式和农业经营方式主要的区别在于农业经营方式比农业生产方式的形式更为灵活。农业生产方式是由涉及技术质变所决定的生产力的发展以及社会生产关系及社会发展阶段共同决定的。因此，在不同的生产力水平和社会生产关系及社会发展阶段下，农业生产方式是不同的。但是，农业经营方式的决定因素除了涉及技术质变之外，还涉及技术量变等派生的生产关系（于金富，2013）。鉴于此，两者之间的关系也可以如此表述，在不同的农业生产方式或社会形态下，农业经营方式可能一致，或者在同一农业生产方式或社会形态下，农业经营方式也可能不一致。

三、农业生产方式的外延

前文在理论上对农业生产方式内涵进行了讨论和界定，从经验上来看，农业生产方式的外延内容也很丰富。在世界范围内，由于不同国家的生产力水平、所处的自然环境和社会发展阶段不同，不同国家的农业生产方式也存在较大差异。中国的农业发展状况正处于多种生产方式并存的阶段，包括一家一户的小农生产方式与家庭农场等规模化的生产方式并存、分散的小农户与分工协作的社会化大分工并存、依靠经验种地和依靠科学种地并存等。发达国家中，日本通过农业协同组织的组织形式帮助分散的小农户购买农资、销售农产品等，并且注重使用新的生物技术改善土壤质量等；美国依托土地大规模经营的优势，注重提高每一种作物每一种工序的机械化水平，利用信息化技术和农业生产模拟系统对农作物精准管理等，并且现在也开始注重向农业的可持续发展努力；以色列积极推行在农业中应用喷灌、微喷灌等技术，以达到节约水资源的目的；法国在推行土地规模化的过程中，也注重农业生产不同环节的分工协作，家庭农场的土地经营者不一定拥有机械等生产资料。

从经验上来看，处于不同的生产力水平和社会性质下，不同国家的农业发展状况也不同。依据各国的自然资源禀赋以及农业现代化发展方向，本书主要对美国、日本和法国的农业生产方式进行分析。

美国农业生产方式主要表现为规模化、高技术化和专业化。第一，美国平原面积占耕地面积的70%左右，并且人口稀少，促使了土地经营大规模的实现。2014年，在美国全部农场中，50公顷以上的农场数量占比接近五成（44%），所经营面积占所有农场经营面积的94%[①]，另外，值得注意的是，任何一个农场经营的土地面积均在2公顷以上。第二，高技术化主要表现在农业的机械化及农业的信息化水平较高。美国农场中农机具的种类繁多，配套较为齐全，包括在中国尚未普及的摘棉机、土壤处理机等。20世纪90年代初，美国已出现了以信息技术和农业生产模拟技术为依托的精准农业。精准农业的内

① 数据来源于联合国粮食及农业组织（2014）。

容主要包括：一是运用 3S 技术[①]实现农业的精准种植，比如动态监测农作物的生长过程以及农作物生长过程中，何时进行喷药灌溉等都能够精准预测，并定位实施；二是利用信息技术及时准确地获得市场信息，以便于农场主能够较精准地调整自己的生产策略，有效避免盲目经营。比如，农场主可以参考国际国内市场的产品需求量、天气状况等信息，决定农场种植什么以及采用何种方式种植等。第三，农业专业化一般包括区域专业化、农场专业化和作业专业化三种类型。美国农业把农业区域分成 5 大区域，并形成了区域专业化，包括棉花带、玉米带、牧草乳牛带、小麦带和综合农业区，每个区域分别种植相对应的作物，比如棉花带集中了美国大约 1/3 的棉花农场，从而形成区域专业化种植。作业专业化归因于美国发达的农业社会化服务体系，即只要农场需要，产前的农资购买等、产中的耕地和播种等、产后的农产品销售等任一环节/工序，均有专门的人或组织服务[②]。

日本农业生产方式主要表现为适度规模化、组织化、绿色化和品质化。第一，与美国大规模机械化的生产方式不同，日本受限于自身耕地面积的有限性，农业生产者的土地经营面积一般处于适度规模。2011 年日本户均土地经营规模为 2.6 公顷以上，到 2014 年，日本经营耕地面积在 2 公顷以下的农场占比接近 50%，仅有 5% 的农场的经营耕地面积在 50 公顷以上（周应恒等，2015），政府确定土地经营规模在 10 公顷左右是最为合适的土地规模。而正是由于农业生产者土地经营规模偏小的现状，日本农业生产者需要通过与相关组织进行联合和注重提升农产品的品质等方式提高农业竞争力。第二，组织化表现在大多数农业生产者均与农业相关组织进行合作，因此小农户与大市场对接的不对称地位被有效破解了。日本存在各种农业合作组织，包括农业协同组织（农协）、农业生产合作组织和地区农业集团等。其中，农协的存在较为普遍并且提供的功能较为齐全，主要功能包括农产品的共同销售、农资的共同采购以及信贷服务等。第三，绿色化方面，日本政府通过制定农产品环保标准，并且依据农业生产者的绿色生产行为，使绿色化生产行为较

① 3S 技术是指农业遥感技术（RS）、地理信息系统（GIS）和全球卫星定位系统（GPS）。

② 中咨产学研创新研究院：《美国最核心的竞争力：现代农业傲视全球》，https://www.sohu.com/a/233274917_762607，2018 年 5 月 29 日。

高的农产品销售较高的价格，引导农业生产者通过降低化肥农药的施用量或者应用生物技术取代传统的粗放生产方式，来达到产品优质优价的目的。第四，品质化的生产方式是日本农业生产者克服耕地面积较少，提高单位面积农产品产量和农产品质量的重要方式，主要通过土地改良、作物品种改良，促进生物技术应用的方式。

法国的农业生产方式主要表现为规模化、机械化、专业化和农工商一体化。第一，与美国农场以大规模农场为主和日本农场以小规模农场为主的特征不同，法国农场的不同土地经营规模呈现出分布较为均匀的特征。2014年，法国农场土地经营规模处于5公顷以下的农场占比和50公顷以上的农场占比各占三成左右①。第二，机械化方面，除了常规的播种收等机械化之外，其现在的机械化方向不断向智能化和高效化等方向发展。第三，法国的专业化发展方向和美国的专业化方向大致一致，即包括农场专业化、区域专业化以及作业专业化。第四，农工商一体化通过把农业生产和销售等环节联系起来，能够很大程度上使农业适应市场经济，促进农业整个生产过程的分工协作，提高农业生产效率，也有助于政府通过农工商综合体更精准地对农业进行帮扶。

综合以上中国、美国、日本和法国的农业生产方式外延来看，农业生产方式的外延内容丰富，并且不是一成不变的，它是随着生产力水平、社会性质以及社会发展阶段不断发生演变。但也应该明确的是，农业生产方式外延的实质均在于适应并提升现阶段的农业生产力水平、提高农业生产效率、增加农民收入和维持农业可持续发展。

第二节　中国农业生产方式的阶段性特征

通过以上对农业生产方式内涵和外延的界定，可以知道，农业生产方式特征并不是一成不变的，它是与现阶段生产力水平和社会发展阶段相适应并且不断发生演变的。因此，可以认为，在中国不同的经济社会发展阶段下，中国农

① 联合国粮食及农业组织：《2014 年家庭农业的创新》。

业生产方式也呈现出不同的阶段性特征。因此，本书重点依据农业生产力水平和国家的农业政策等维度，对处于不同发展阶段的中国农业生产方式特征进行梳理和归纳。据此，可以粗略地将中国农业生产方式分为四个阶段：1949—1958 年以合作化为主要特征的阶段、1958—1978 年以集体化为主要特征的阶段、1978—2008 年以土地小规模经营为主要特征的阶段、2008 年至今以土地适度规模化为主要特征的阶段。

一、1949—1958 年农业生产方式以合作化为主要特征

1949—1958 年处于完成土地改革和走社会主义合作化道路的历史阶段，"合作化"是这个阶段农业生产方式的突出特征。1949 年中华人民共和国成立后，全国开始推行土地改革，1952 年底土地改革基本完成。虽然土地改革让农民拥有了土地的所有权，也同时极大地解放了当时的农业生产力水平，但是考虑到当时农业生产力水平仍然落后、农民生活仍然贫困以及农业需要持续为工业化的发展提供原料和积累等诸多原因，中共中央决定对农业进行社会化改造，并且领导农民走合作化道路。1953 年 12 月，中共中央发布的《关于发展农民生产合作社的决议》中指出，要自愿引导农民走社会主义合作化道路，从初级阶段的互助组，到初级社，再进一步参加到具有完全社会主义性质的高级社。在这样的推动下，1956 年底，农民加入初级社和高级社的比例接近 100%（96%），其中，农民参加高级社的比例达到 88%。

二、1958—1978 年农业生产方式以集体化为主要特征

1958—1978 年处于人民公社时期，这个阶段农业生产方式最主要的特征是集体化。集体化指的是生产资料归人民公社所有，它具有政社合一的性质，实行"三级所有，队为基础"的制度。人民公社是在高级社的基础上产生的，它也是社会主义经济建设的一种形式。在农业生产方式是集体化的主要特征下，此阶段的农业生产方式同时呈现出机械化、化肥化、水利化和电气化等特征。1961 年，周恩来在中央工作会议中提出在推进农业现代化的过程中农业

要实现“四化”，包括机械化、水利化、化肥化和电气化等。在现实中，也发现这四种农业生产方式得到了迅速的发展，机械化的总动力从1957年的121.4万千瓦增长到1978年的11749.9万千瓦，增长了96倍，每年增幅5倍左右；1958—1978年，耕地的有效灌溉面积从27339千公顷增长到44965千公顷，增长了65%左右，每年增幅3个百分点；化肥施用量从37.3万吨增长到884万吨，增长了24倍，每年增长幅度超过1倍；农村用电量也从1.4亿千瓦时增长到253.1亿千瓦时，增长了180倍[①]。

三、1978—2008年农业生产方式以土地小规模化为主要特征

1978—2008年，是家庭联产承包责任制确立和发展的阶段，实行土地所有权归集体所有、土地承包经营权为农户所有的土地基本经营制度。由于人民公社制度与当时的生产力水平并不适应等，中央对于各地兴起的家庭联产承包责任制给予了政策支持。1982年《全国农村工作会议纪要》中确定了家庭联产承包责任制是社会主义的生产责任制，1983年1月中共中央发布的《当前农村经济改革的若干问题》明确了联产承包责任制是主要的农业生产责任制形式。1983年，签订土地承包合同的农户比例达到九成以上，家庭承包的耕地比例同样也达到九成以上[②]。

在家庭联产承包责任制基础上所形成的一家一户的小规模生产方式通常被认为是传统农业生产方式。家庭联产承包责任制虽然极大地促进了农民生产的积极性，但由于在人多地少的状况下，秉着土地平均和公平分配等原则也造成了土地的小规模经营。此类生产方式主要表现为土地经营规模偏小；生产者经营农业主要依靠经验，而非依靠现代科学知识；主要依靠人畜力进行种植，而非主要依靠农机具；以小而全的农业为主，而非追求大而专或小而专的农业，这也导致生产的组织化程度和专业化程度偏低，主要以自给自足为主，而非主要以农产品进行市场交易为主；粗放经营而非集约经营，主要依靠农业生产要

① 机械化、水利化、化肥化和电气化的数据均来源于《新中国60年统计资料汇编》。

② 人民网：《第一份农村土地承包合同：拉开农村改革序幕》，http://yn.people.com.cn/GB/n2/2018/1212/c372455-32399147.html，2018年12月12日。

素投入而非依靠资源的有效配置，表现为一味依赖化肥农药等化学投入品的增加来提高农产品产量等。

四、2008 年至今农业生产方式以土地适度规模化为主要特征

为了克服土地小规模经营产生的生产弊端，鼓励土地适度规模一直是现阶段农业政策重点考虑的一部分。之所以将 2008 年作为土地小规模化和土地适度规模化的分界点，主要是因为 2008 年党的十七届三中全会发布的《中共中央关于推进农村改革发展若干重大问题的决定》中鼓励农户流转承包经营权，发展多种形式的适度规模经营，首次提出鼓励有条件的地方可以发展家庭农场等规模化生产主体。之后，2012—2018 年的“中央一号文件”中均有提及“鼓励发展多种形式的适度规模经营”；2016 年发布的《关于完善农村土地所有权承包权经营权分置办法的意见》中首次提出农村土地“三权分置”的意见，即分为土地所有权、承包权和经营权。此意见指出“三权分置”有利于土地产权关系的明晰，对于土地生产要素的有效配置和土地的适度规模经营起到了重要作用，同时也为土地规模经营提供了制度保障。

现阶段农业生产方式以土地适度规模化为主要特征，并且正处于传统农业生产方式向现代农业生产方式转变的过渡阶段。一些政策文件和研究文献对于现代农业生产方式的具体表现形式进行了描述（见表 3 - 1），它们一般认为现代农业生产方式呈现出规模化、专业化、集约化、机械化、绿色化、信息化、市场化、产业化和社会化等特征。《促进农业产业联合体发展的指导意见》中指的专业化是龙头企业、家庭农场、合作社各司其职、分工协作；魏后凯所指的新型农业生产方式特征中，规模化指的是与社会发展阶段等相适应的适度规模，集约化指的是各种生产要素的有效配置，进行集约经营，绿色化所指的是减少对化肥农药等化学投入品的依赖，工业化主要指以工业化的理念对农业进行经营管理，社会化指的是社会化服务体系的完善①；刘海启（2017）指出农业数字化是指把农业全过程进行数字化，它将成为政

① 旗帜网：《建立新型农业生产方式是乡村振兴的必由之路》，http://www.qizhiwang.org.cn/n1/2019/0302/c425687 - 30953817.html，2019 年 3 月 2 日。

府所推行的现代农业生产方式之一；江泽林（2018）论述了机械化在农业生产方式转变中具有突出作用；杜志雄、金书秦（2016）指出在农业可持续发展的政策新目标下，农业生产主体的生产方式要向资源节约和环境友好的行为转变。

表 3－1　部分政策文件和研究文献对现代农业生产方式特征的描述

文件/作者	现代农业生产方式特征
2017—2018 年“中央一号文件”	规模化、专业化、机械化、市场化、品牌化、组织化、绿色化、智能化等
《促进农业产业联合体发展的指导意见》	产业化、专业化、品牌化
魏后凯（2019）	规模化、集约化、绿色化、工业化、社会化
刘海启（2017）	农业数字化
江泽林（2018）	机械化
陈春良、叶兴庆（2016）	集约化、高效化、可持续性
杜志雄、金书秦（2016）	生态化

资料来源：作者根据文献整理。

现代农业生产方式是通过不断适应和发展现阶段的生产力水平以及转变农业增长方式，从传统农业生产方式演变和发展所形成的生产方式。表 3－2 展示了部分传统农业生产方式特征与现代农业生产方式特征的区别。总体来看，现代农业生产方式的目标应该满足和体现以下要求：一是保障农产品的稳定供给。农产品的稳定供给包括农产品总量和结构的稳定供给。在土地资源有限的情况下，这一方面要求提高土地生产率、追求农业全要素生产率的提高，注重农业集约经营；另一方面要求转变农作物的种植结构，满足市场对农产品多样化的需求，开展农业专业化和品牌化等生产方式的经营。二是稳定和提高农业生产者的收入水平。农业生产者收入的提高是激励农业从业者持续经营农业的动力，关键在于提高农业劳动者的生产效率，比如注重土地的规模化经营、开展农业的专业化经营、运用新的科学技术等。三是保持农业的可持续发展。农业的可持续发展对于环境保护、减少农业面源污染等有重要作用，这要求农业生产者要注重使用绿色生产技术、科学施肥施药等。

表 3-2　部分传统农业生产方式特征与现代农业生产方式特征比较

传统农业生产方式特征	现代农业生产方式特征
小规模化	规模化
依靠人畜力	依靠机械
依靠化学品投入	依靠绿色生产技术、科学施肥施药
专业化程度极低	专业化程度较高
自给自足	市场化
粗放经营	集约经营
依靠经验	依靠现代科学知识

资料来源：作者根据文献整理。

第三节　现阶段中国农业生产方式特征的转变方向

本节除了论述土地规模化之外，还将重点论述专业化、机械化和绿色化这三种农业生产方式特征。由于农业生产方式的特征具有多元性，但文中不可能就全部的农业生产方式特征展开讨论。之所以着重讨论这三点主要有以下原因：第一，它们是政府在目前阶段一直持续推行的生产方式，实现它们对于国家的发展具有重要意义；第二，它们是农业现代化要求必须实现的，并且其他发达国家也早已实现；第三，在现阶段的生产力水平下，这些生产方式正在发生转变，但仍然需要持续推进；第四，也有一部分原因是数据的可获得性。

为了更详细地阐述现阶段农业生产方式特征的转变方向，接下来主要从四个部分进行展开：一是土地规模化的趋势逐渐显现；二是土地规模化是农业生产方式向专业化、机械化和绿色化转变的必要条件；三是现阶段中国农业生产方式向专业化、机械化和绿色化转变的意义；四是现阶段专业化、机械化和绿色化农业生产方式的现状与不足。

需要说明的一点是，在这里，“转变”是一个动态词，它具有两层含义。一层是从无到有，即从没有专业化、机械化和绿色化农业生产方式特征状态到出现专业化、机械化和绿色化农业生产方式特征状态；另一层是从有到有，即从原有较低水平的专业化、机械化和绿色化农业生产方式演化到另一种具有较高水平的专业化、机械化和绿色化农业生产方式。

一、土地规模化的趋势逐渐显现

中国农村劳动力持续外流等现实状况促进了土地流转，土地流转为农业生产方式向规模化转变创造了重要条件。随着城镇化和工业化的发展，原先依靠土地谋生的农村人口持续外流、人口数量不断减少，这部分人往往不再有意愿经营土地，在土地租金或其他效益的驱使下倾向于把自有的土地资源释放出去，从而为土地流转创造了条件。截至 2018 年，全国家庭承包耕地流转面积超过 5.3 亿亩①，比 2017 年底全国家庭承包耕地流转面积 5.12 亿亩增加 0.18 亿亩，比 2010 年的 1.87 亿亩增加 3.43 亿亩，平均每年增速 8%。2017 年年底，全国耕地流转面积占家庭承包耕地经营面积的 37%，比 2016 年年底的 35.10% 提高了 1.90%，比 2010 年的 14.70% 提高了 22.30%，平均每年增速 7.53%。②

农户拥有的土地经营规模随年份变化呈现出不断增加的趋势，并且有朝土地适度规模变化的趋势。中国农业劳动力平均拥有的土地经营规模从 2008 年的 6.10 亩小幅增加到 2016 年的 9.42 亩，每年平均增幅 7% 左右，农户户均耕地面积从 2008 年的 7.11 亩变化到 2012 年的 7.56 亩，每年平均增幅 2% 左右（见表 3－3）。

表 3－3　2008—2016 年中国农业劳动力劳均耕地面积和农户户均耕地面积

年份	耕地数（亿亩）	第一产业从业人员（亿人）	乡村户数（亿户）	农业劳动力劳均耕地（亩/劳动力）	农户户均耕地（亩/户）
2008	18.26	2.99	2.57	6.10	7.11
2009	18.30	2.89	2.60	6.33	7.04
2010	18.35	2.79	2.64	6.57	6.96

① 新京报：《国家统计局：全国家庭承包耕地流转超 5.3 亿亩》，https：//baijiahao.baidu.com/s?id=1641022631496505755&wfr=spider&for=pc，2019 年 8 月 5 日。

② 农业部农村经济体制与经营管理司：《中国农村经营管理统计年报》，中国农业出版社（2010—2017 年）。

续表

年份	耕地数（亿亩）	第一产业从业人员（亿人）	乡村户数（亿户）	农业劳动力劳均耕地（亩/劳动力）	农户户均耕地（亩/户）
2011	18.39	2.66	2.66	6.91	6.91
2012	20.27	2.58	2.68	7.86	7.56
2013	20.27	2.42	—	8.39	—
2014	20.26	2.28	—	8.89	—
2015	20.25	2.19	—	9.24	—
2016	20.24	2.15	—	9.42	—

注：农业劳动力劳均耕地 = 耕地数/第一产业从业人员；农户户均耕地 = 耕地数/乡村户数。

资料来源：耕地数来自国土资源部所公布的 2008—2016 年《中国国土资源公报》，http：//www.mnr.gov.cn/sj/tjgb/；乡村户数来自国家统计局官方网页：http：//data.stats.gov.cn/easyquery.htm？cn = C01&zb = A0D02&sj = 2019；第一产业从业人员来自《中国农村统计年鉴 2019》。

按照不同的土地经营规模分组来看（见表 3 - 4），土地经营规模较大农户的比例逐年升高。50 亩以上的规模农户占比逐年增加，从 2010 年的 1.05% 小幅增加到 2017 年的 1.21%。在土地经营规模处于 50 亩以上的农户样本中，50—100 亩的农户占比超过五成，从 2010 年的 73.33% 下降到 2017 年的 66.44%，呈现出下降趋势；100—200 亩的农户占比次之，但从 2010 年的 12.75% 大幅增加到 2017 年的 23.49%，增速接近 50%，增速最快；200 亩的农户占比最低，从 8.57% 仅小幅提高到 10% 左右，这或许说明农户的土地经营规模正在朝适度规模经营发展。

表 3 - 4　2010—2017 年中国不同经营规模农户占比变化趋势　　单位：%

年份	<10 亩	10—50 亩	50—100 亩	100—200 亩	≥200 亩
2010	85.79	13.16	0.77	0.19	0.09
2011	85.94	13.01	0.75	0.20	0.10
2012	86.11	12.79	0.78	0.22	0.10
2013	85.96	12.83	0.86	0.24	0.11
2014	85.93	12.78	0.89	0.28	0.12
2015	85.74	12.92	0.90	0.31	0.13
2016	85.51	13.09	0.94	0.33	0.13
2017	85.43	13.08	0.99	0.35	0.15

资料来源：农业部农村合作经济指导司、农业部政策与改革司：《中国农村经营管理统计年报》，中国农业出版社（2010—2017 年）。

从现阶段农户拥有的土地经营规模来看，土地经营规模仍然偏小并且小规模农户仍占主体地位。从表 3－3 能够发现，从户均拥有耕地面积看，2012 年，农户户均耕地面积不足 8 亩（0.53 公顷），这一耕地面积不仅与 2011 年世界农业生产主体平均拥有的土地经营规模 125.57 亩（8.37 公顷）相差接近 15 倍，与以小规模土地经营为突出特征的日本农业生产主体 2011 年平均拥有的土地经营规模 21.93 亩（1.46 公顷）也相差近 2 倍[①]。从这一视角看，中国的土地经营规模确实偏小。另外，从表 3－4 也能够很明显地发现，10 亩以下规模的农户占比仍然超过八成，并且随着年份变化，下降的趋势不明显，下降幅度不超过 1%。因此，从这一角度看，中国的小规模农户仍占大多数。

土地规模化仍需并且仍会继续推进，中国农业现代化也要求走规模化的道路，其他发达国家的经验也证明土地规模化是农业现代化的必经之路。从中国的发展历程看，2019 年年末，中国的城镇化率是 60.60%[②]，未来 15—20 年，中国的城镇化水平和农业劳动力转移速度仍然将会快速推进，因而必然会带来土地规模经营的持续推进[③]。另外，需要认识的一点是，此规模经营不同于美国土地的大规模化，在不能忽略中国小农户将长期存在的现实基础下，我们强调的是与劳动力转移速度和土地资源稀缺禀赋等约束下的土地适度规模化。《全国农业现代化规划（2016—2020 年）》中也强调农业现代化要以多种适度规模经营为引领，并且美国、日本和法国等发达国家在实现农业现代化之前，也都利用各种策略推动了土地的规模化经营，比如，日本从 20 世纪 60 年代初就开始推行土地制度改革，期间颁布和修订了《农业基本法》《农地法》《农业振兴地域整备法》等一系列的法律文件，用以促进土地规模化经营。

土地规模化对于农民收入的提高和国家的经济建设起到非常重要的作用。以规模化主体家庭农场为例描述土地的规模化经营可以提高农业劳动产出率以及提高农民收入水平。2017 年全国范围的家庭农场中，土地经营规模处于

---

① 联合国粮食及农业组织：《2014 年家庭农业的创新》，第 104 页和 109 页；生产主体平均拥有的土地经营规模 = 农业面积/农业生产单位数量。

② 中国经济网：《统计局：至 2019 年末我国城镇化率为 60.60%》，https://baijiahao.baidu.com/s?id=1655941422466388592&wfr=spider&for=pc，2020 年 1 月 17 日。

③ 旗帜网：《建立新型农业生产方式是乡村振兴的必由之路》，http://www.qizhiwang.org.cn/n1/2019/0302/c425687-30953817.html，2019 年 3 月 2 日。

300—500 亩的劳动力产出率每人是 10. 30 万元，是土地经营规模处于 50 亩及以下的劳动力产出率 1. 50 万元的 7 倍左右；2017 年粮食类家庭农场劳均纯收入 65301 万元[①]，该收入水平超过 2017 年农村居民可支配收入 13432. 4 元，也超过 2017 年城镇居民可支配收入 36396. 2 元和 2017 年农民工年工资水平 41820 元[②]。另外，土地规模化经营可以解放更多依附于土地的劳动力，促进劳动力要素的有效流动，不同的劳动力配置在合适的位置，进而通过提高劳动力配置效率促进国家的经济建设。

综上所述，可以得出，土地规模化在现阶段已经逐渐显现，并且在未来仍会持续推进。

二、土地规模化是农业生产方式转变的必要条件

既然土地规模化[③]的趋势不可避免，那么，土地规模化与其他农业生产方式特征的关系如何？它是否会带来其他农业生产方式特征的转变？这值得深入研究和论证。

（一）土地规模化是农业生产方式向专业化转变的必要条件

土地规模化是农业生产方式向专业化转变的必要条件。必要条件是指没有土地规模化必然没有农业生产方式向专业化的转变，而即使形成了土地规模化，农业生产方式也不一定向专业化转变。必要条件的第二点只需找出一个反例即可证明，比如，土地规模大到足够把大部分生产环节囊括在内，从而生产主体不一定发生专业化行为。以下着重论述第一点，主要从两方面进行论述：一是小农经济的状态下必然不会产生专业化生产方式；二是专业化农业生产方式的出现一定以土地规模化为基础。

---

① 农业部政策与改革司、中国社会科学院农村发展研究所：《中国家庭农场发展报告》（2017 年），中国社会科学出版社。

② 国家统计局：《2017 年农民工监测调查报告》，http：//www. stats. gov. cn/tjsj/zxfb/201804/t20180427_1596389. html，2018 年 4 月 27 日。

③ 在此，所说的土地规模化是相对于现有小农户土地经营规模偏小的现状所提的，具体土地规模达到何种规模才可以说是规模化，并没有具体的数值，并且此数值依据不同的农业发展阶段不同地区存在不同。

在家庭联产承包责任制下，一家一户的小农经济是无法实现分工的，即使存在分工的话，也是所谓的自然分工，而不是社会化分工（北京天则经济研究所《中国土地问题》课题组，2010）。社会化分工并不产生于小农户自给自足的状态，在小农户的情况下，农户为了满足自身的需求，不仅不会开展专业化的经营，反而会开展多种形式的经营。

专业化农业生产方式的出现一定以土地规模化为基础，即土地的规模化经营会催生出农业的专业化生产。相比于小规模农户，作为规模化的生产主体，其生产目标会逐渐从自给自足转向追求利润最大化，当生产目标转变后，生产主体会尽可能寻找能够满足自身目标的生产方式。这基本涉及两种选择，即种什么和如何种。由于种什么涉及政府的政策引导和生产主体的风险偏好，决定因素较为复杂，在此重点关注如何种的问题。如何种的问题涉及规模化生产主体是把全部的生产环节内生于自身还是把部分生产环节进行外包。在规模经济的驱动下，规模化生产主体会自然而然地萌生出把自身不具备比较优势的环节外包给其他经营组织的需求，那么，既然有需求的存在，市场中便会自发滋生出为这些生产主体提供服务的组织。因此，由于不同生产主体的需求各异，提供服务的组织的服务内容会越来越细化，市场范围不断扩大，分工也会越来越细，分工又会进一步促进市场范围的扩大，进而社会化分工和专业化水平会自然而然地不断拓展。或许，受限于当地市场范围，生产性服务市场无法较好发育。即使考虑到当地生产性服务市场发育的不健全，规模化生产主体出于自身需求的考虑，以农机为例，往往会选择自己购买农机，而由于农机的不可分性和农机多余的剩余生产能力，其也会充当服务主体，为当地农户服务（杜志雄、刘文霞，2017），这便又是一种专业化形式的出现。李周（2017）在《食物生产方式向专业化、规模化和组织化转变战略研究》一书（94 页）中也提到“只有适度规模化，才能专业化”的观点。

（二）土地规模化是农业生产方式向机械化转变的必要条件

土地规模化是农业生产方式向机械化转变的必要条件。必要条件是指没有土地经营规模化必然没有农业生产方式向机械化的转变，而即使形成了土地经营规模化，农业生产方式也不一定向机械化转变，也就是说，只有实现了土地经营规模化，才有可能实现农业生产方式向机械化的转变。必要条件的第二点只需找出一个反例即可证明，比如，如果种植作物是不利于机械化作业的蔬菜水果，在现有技术水平下，即使实现了规模化也不一定能实现机械化。以下着重论述第一点，主要从两个方面进行论述：一是小农土地特征的客观条件约束了机械化的实现；二是农业生产方式从低水平机械化向高水平的机械化转变一定得先有土地规模化经营。

小农拥有土地的客观条件特征约束了机械化的实现。小农户的土地分布较为分散，土地规模偏小，即使他们有使用农机的意愿，由于机械的使用需要一定的土地经营规模与其匹配，农机也无法直接进入地里，从而客观上约束了机械化的实现。比如，1978 年农村改革后，家庭联产承包责任制所形成的各家各户土地经营规模分散和偏小的特征，促使农户首要选择以驴为主的役畜进行耕种，直接导致了农业机械的“冷落”（胡凌啸，2017）。

农业生产方式从低水平的机械化向高水平的机械化转变一定得先有土地规模化。规模较小的农户即使有使用农机的意愿，但受限于农机无法进地的硬性约束，也不会有激励去改变原有的生产状态。规模化经营农户则不同，规模化经营的现状改变了农机无法进地的客观约束，并且农机的作业效率远高于人工作业效率，也可以有效规避农时的贻误。因此，此类主体一般具有强烈使用农机的意愿，从而在现有农机技术水平下，把农机的使用意愿变为现实，进而促进农业机械化水平的提高。进一步讲，正是这种强烈的需求意愿所形成的广泛需求市场，促进和激发了科研部门、企业部门和政府部门对不同农机种类的研发、推广和应用，从而扩大了农机供给市场，把农户已有的但受限于技术水平无法实现机械化的意愿变为现实，进而促进农业机械化水平的提高。彭继权、吴海涛（2019）也同样指出土地适度规模经营是机械化实现的必要条件。

（三）土地规模化是农业生产方式向绿色化转变的必要条件

规模化是农业生产方式向绿色化转变的必要条件，绿色化的实现有赖于农业生产主体的绿色生产行为。必要条件是指没有土地规模化必然没有农业生产方式向绿色化的转变，而即使形成了土地规模化，农业生产方式也不一定向绿色化转变。必要条件的第二点只需找出一个反例即可证明，而农户生产行为如此之广，总能找到一个特殊的例子对其进行支撑。因此，以下着重论述第一点，主要从两个方面进行论述：一是虽然小规模农户也存在一些绿色生产行为，但无法真正促使农业生产方式向绿色化转变；二是只有实现了土地规模化经营，才能真正促进农业生产方式从低水平的绿色化向高水平的绿色化转变。

虽然小规模农户也存在一些绿色生产行为，但无法真正促使农业生产方式向绿色化转变。小规模农户中也存在有机肥施用、作物轮作等一些绿色生产行为，但这些绿色生产行为的激发可能仅来自自家食用、盲目追随市场等较为狭隘的动机。小规模农户采用绿色生产行为的这种动机并不是一种可以持续的动机，而且这种动机并不会促进新的绿色生产技术的引入，小规模农户即使能够接触到新的绿色生产技术，他们也会因规模过小认为没必要应用，除非采用这种技术的成本极小。因此，小规模农户即使存在绿色生产行为，也仅仅局限于一种传统的绿色化耕作方式，而不会带来真正持久的农业绿色化生产方式变革，比如，化肥减量方面，可能仅会用有机肥替代化肥的投入，而不会引入测土配方施肥技术，农药使用方面不会引入生物农药和绿色病虫害防控技术等。

只有实现了土地规模化经营，才能真正实现农业生产方式从低水平的绿色化向高水平的绿色化转变。在规模经济和规模报酬的驱动下，规模化的生产主体具有节本增效、迎合消费者对高质量农产品的需求等较为持久的动机，这些动机激励他们选用绿色化的生产行为。以绿色生产技术为例，绿色生产技术是支撑农业绿色化发展的重要基础，相关研究发现诸如秸秆还田、测土配方施肥等技术都具有显著的规模经济效应，这也意味着，只有规模化的生产主体才会主动去采纳和应用绿色生产技术，进而促进农业生产方式向绿色化转变。江鑫等（2018）对河北、山东等 4 省 1372 个农户调查数据进行实证分析发现，秸秆还田技术具有显著的规模经济效应。夏雯雯等（2019）通过对家庭农场的测土配方施肥技术进行研究，也发现此项技术在适度规模化的经营主体中应用的概率更高。谭秋成（2015）通过对 2013 年湖南资兴东江湖库区的白廊乡等地区进行农户生产和生活方面相关的问卷调查，利用相关调查数据估计农户亩均化肥投资与每个农户土地面积的统计关系，也同样发现农户的亩均化肥投入与家庭的土地规模呈负相关。

综上所述，农业生产方式要向专业化、机械化和绿色化转变必须基于土地规模化，但土地规模化形成后并不一定会促使农业生产方式向专业化、机械化和绿色化转变。此结论侧面说明土地规模化在农业生产方式转变中的重要作用。

三、农业生产方式向专业化、机械化和绿色化转变的意义

通过上述的分析能够知道，土地规模化在农业生产方式向专业化、机械化和绿色化转变的过程中起到重要作用。那么，农业生产方式向专业化、机械化和绿色化转变具有哪些重要意义？本书在此重点论述。

（一）农业生产方式向专业化转变的意义

政府出台的一系列政策文件为农业专业化的发展方向提供了思路，政策层面的重视促进了农业生产不同环节分工所形成的专业化。2008—2010 年 3 个“中央一号文件”的颁布，指明了农业服务专业化的发展方向，2013—2020 年 8 个“中央一号文件”中也持续提出农业社会化服务体系的构建。随着 2013 年新型农业生产经营主体的提出，《关于促进农业产业化联合体发展的指导意见》进一步指出，加强龙头企业、合作社和家庭农场等新型农业生产经营主体之间的分工协作和功能互补，从而进一步提高新型农业生产经营主体专注于自身功能定位的专业化程度。

专业化对于农业生产效率的提高和规模效益的增加具有重要作用，是农业现代化的基本特征之一。农业专业化是资源配置效率逐渐提高的表现，可以发挥不同地区和不同主体的比较优势，能够通过充分利用各地区不同自然资源禀赋和不同主体之间的分工深化增加规模效益以及提高农业效率。从对美国、日本和法国的农业生产方式的外延描述来看，专业化都是它们实现农业现代化必不可少的一环。中国《乡村振兴战略规划（2018—2022 年）》也指出专业化农业生产格局的构建是农业现代化目标加快实现的有效途径。

（二）农业生产方式向机械化转变的意义

机械化是农业现代化实现的核心内容，政府也一直在推进。1978—2018 年，农业机械总动力从 11749.9 万千瓦提高到 100371.7 万千瓦，年均增长率 5.65%；

1978—2017 年，大中型拖拉机的数量平均每年增幅接近 30%[①]。20 世纪 90 年代初期，机械化改革向市场化方向深入，尤其是 2004 年颁布的《农业机械化促进法》促使农业机械化的发展进入新的阶段。同时也应该认识到，我国与发达国家的机械化水平相比仍存在很大差距，比如，目前粮食作物仍没有实现全程机械化，棉花、大蒜等经济作物的机械化水平更低。

机械化是提高农业劳动生产率，保障粮食安全的重要手段。机械化能够有效替代人力，并且机械的作业效率远高于人力的作业效率。比如，久保田 3250 型的收割机收割水稻的效率是人工镰刀收割的 30 倍以上。正是由于较高的机械化生产效率，降低了因农时延误造成的农作物减产概率的发生，另外，相比于劳动力作业标准，机械化作业标准度较高，从而降低了劳动力异质性对农作物生产的影响。

（三）农业生产方式向绿色化转变的意义

化肥农药的科学合理施用是农业生产方式向绿色化转变的重要组成部分。

化肥农药作为重要的农业生产资料，对粮食的稳产增产起到了较大作用，但由于它们并未能科学合理地施用，导致农业面源污染严重等状况的发生。依据对此背景的研判，农业农村部印发了《到 2020 年化肥使用量零增长行动方案》和《到 2020 年农药使用量零增长行动方案》。此方案虽然对于化肥农药减量施用的成效较为显著，但是，两者的施用量依然处于高位水平。因此，继续推进农业生产方式向绿色化转变刻不容缓。

绿色化是农业供给侧结构性改革的重要举措和农业可持续发展的坚实基础。绿色化的生产方式要求化肥农药必须科学合理施用，对于两者施用量的降低以及化肥农药利用效率的增加具有促进作用。孔祥智（2016）认为农业供给侧结构性改革的内容中隐含着有对农业生产可持续性的要求，并且绿色化是农业可持续发展的主导模式以及最佳选择（严立冬等，2011）。

绿色化是中国农业现代化道路的重要方向，其他发达国家的经验也证明绿色化在农业现代化的实现中至关重要。《全国农业现代化规划（2016—2020 年）》中强调农业现代化发展道路要以“产出高效、产品安全、资源节约和环

---

① 数据来源：《中国统计年鉴 2019》。

境友好”为发展方向。从对美国和日本的农业生产方式的外延描述来看，农业绿色化的发展都是它们政策考虑的一部分，是实现农业现代化必不可少的一环。

四、现阶段专业化、机械化和绿色化农业生产方式现状

既然农业生产方式向专业化、机械化和绿色化转变具有重要意义，那么，现阶段专业化、机械化和绿色化农业生产方式现状如何？与现代农业生产方式的要求相比，是否仍然存在短板或不足，需要进一步推进？本书在此重点对相关内容进行梳理和论述。

（一）农业生产主体参与农业生产性服务的程度逐步提高，但仍处于偏低水平

农业生产主体纵向分工所形成的专业化程度主要源自农业生产主体参与农业生产性服务的程度。农业生产主体参与农业生产性服务的程度越高，其自身的专业化水平也会相应提升。

农业生产性服务是解决农业生产主体产前、产中和产后环节需求的服务产业。尽管近年来，农业生产性服务发展迅速，但仍未改变现阶段仍处于生产性服务有效供给不足的初级发展阶段的事实[①]。依据《新型农业经营主体社会化服务报告》的调查结果，小农户接受或购买农业生产性服务的比例不足10%（0.87%—6.68%），家庭农场接受或购买此类服务的比例也未达到25%（4.66%—23.03%），专业大户也未超过36%（4.38%—35.20%）。[②] 以家庭农场为例，合作社和龙头企业作为家庭农场获取社会化服务的主要渠道，在种植类家庭农场中，家庭农场加入合作社的比例从2014年的30.64%提高到2017年的39.72%，主要获取生产技术和产品销售方面的社会化服务；家庭农场与龙头企业有联系的比例从2014年的18.67%上升到2017年的27.55%，

① 张红宇：《农业生产性服务解种地难题》，http：//www.zgxcfx.com/m/view.php？aid＝116873，2020年5月15日。

② 经济日报社中国经济趋势研究院新型农业经营主体调研组：《健全农业社会化服务体系任重道远》，http：//www.gov.cn/zhengce/2019－01/14/content_5357606.htm，2019年1月14日。

主要获取产品销售和生产技术方面的社会化服务①。张晓敏、姜长云（2015）通过调查四川、江苏等10个省份1109个农户接受农业生产性服务业的情况，也发现农户平均接受过生产性服务的占比仅占两成，农场平均接受过生产性服务的占比也刚刚超过三成。反观美国，在20世纪80年代，美国农业的社会化服务体系已覆盖九成（89.9%）。

（二）农业机械化生产水平稳步提高，但仍未实现全程机械化

中国农业机械化水平稳步提高的同时，也应认识到，不同地区不同生产环节的农业机械化水平发展状况并不均衡，并且粮食作物仍然没有实现全程机械化。现阶段农业机械化主要致力于在机耕、机播和机收环节实现全程机械化，现有的机械化生产状况呈现出“平原地区高、丘陵山区低”“粮食作物高、经济作物低”“粮食作物机耕环节高、机播机收环节偏低”等特征。机械化实现了从人畜力向机械动力的转变，中国农业机械总动力从1978年的11749.9万千瓦增长到2018年的100371.7万千瓦，年均增长率5.65%。② 中国农作物耕种收的综合机械化率从2008年的45.80%提高到2016年的65.2%，年均增速接近5%。③ 2019年年初，全国农作物耕种收的综合机械化率已接近70%（67%），其中，主要粮食作物的耕种收的综合机械化率已超过80%④，但是，仍然还未实现全程机械化。如果从不同地形看，丘陵山区地区仍未达到50%⑤。

（三）农业绿色化生产特征逐渐显现，但化肥农药的施用强度仍处于偏高水平

农业生产中化肥农药等化学投入品的过量投入和低利用率容易导致农业

① 农业农村部政策与改革司、中国社会科学院农村发展研究所著：《中国家庭农场发展报告》，中国社会科学出版社（2015—2018年）。

② 数据来源：《中国统计年鉴2019》。

③ 中国产业信息网：《2018年我国农业机械化行业概况及其发展趋势分析》，http://www.chyxx.com/industry/201806/651866.html，2018年6月22日。

④ 新华网：《全国农作物耕种收综合机械化率超过67%》，http://www.xinhuanet.com/politics/2019-01/19/c_1124014273.htm，2019年1月19日。

⑤ 中国财经：《农业农村部：2019年全国农作物耕种收综合机械化率超过70%》，http://finance.china.com.cn/agri/20200110/5170805.shtml，2020年1月10日。

生态环境的破坏（金书秦等，2013）。依据国土资源部发布的《全国耕地质量等别更新评价主要数据成果》可以发现，中国超过一半耕地的质量属于中等地，优等地不足3%，并且优等地的比重从2014年的2.94%略微下降到2015年的2.90%，而低等地的比重从2014年的17.69%略微增加到2015年的17.79%。

中国化肥的施用总量和施用强度近些年虽有所下降，但仍处于高位水平。《中国统计年鉴2019》显示，2015—2018年，化肥总施用量从6022.6万吨下降到5653.4万吨（年均下降幅度2.04%），化肥施用强度①从361公斤/公顷下降到341公斤/公顷（年均下降幅度1.87%），2015年化肥施用强度是2015年世界平均施用强度138公斤/公顷的2.62倍②。但是，总量和强度的增加并未带来较高的化肥利用效率，据《2018中国生态环境状况公报》报告，2017年水稻、玉米和小麦三大粮食作物的化肥利用率仅为37.80%。

中国农药使用强度近些年虽有所下降，但仍处于高位水平。在农药使用量方面，农药的总使用量从2016年的174万吨下降到2018年的150.4万吨，使用强度从2016年的10.44公斤/公顷下降到2018年的9.98公斤/公顷③，2016年的农药使用强度是2016年世界平均使用强度2.63公斤/公顷的4倍左右④。

综合以上分析，中国现阶段专业化、机械化和绿色化农业生产方式的现状和不足表明，现阶段专业化、机械化和绿色化生产方式的发展已经具备了一定基础，但是，与现代农业生产方式的要求相比，仍需要进一步向专业化、机械化和绿色化生产方式转变。

---

① 化肥施用强度 = 化肥施用总量/农作物总播种面积。

② 数据来源：https：//ourworldindata. org/。需要注意的是，由于联合国粮食及农业组织与中国的统计口径不一致等，2015年统计的中国的化肥施用强度是506.11公斤/公顷，高于中国公布的化肥施用强度。所以，如果以相同的口径比较，中国的化肥施用强度是世界平均施用强度的3.7倍左右。

③ 总使用量的数据来源于《中国农村统计年鉴2019》，使用强度 = 农药总使用量/农作物总播种面积。

④ 数据来源：https：//ourworldindata. org/pesticides。需要注意的是，由于联合国粮食及农业组织与中国的统计口径不一致等，2016年统计的中国的农药使用强度是13.06公斤/公顷，高于中国公布的农药使用强度。所以，如果以相同的口径比较，中国的农药使用强度是世界平均施用强度的5倍左右。

第四节　家庭农场在现阶段中国农业生产方式转变中的作用

现阶段中国农业生产方式需要进一步向规模化、专业化、机械化和绿色化转变，而农业生产方式的转变最终有赖于农业生产主体的生产行为。本节将从两个方面去论述家庭农场在现阶段中国农业生产方式转变中的作用：家庭农场是现阶段契合农业经济发展规律和社会发展阶段的生产主体；家庭农场生产方式特征与现阶段中国农业生产方式转变[①]方向相一致。

一、家庭农场是现阶段契合农业经济发展规律的生产主体

家庭农场的出现和发展顺应了现阶段农业经济发展的客观规律。在农村人口持续外流、数量不断减少的情况下，农村人口结构也逐渐显现出老龄化、低文化、女性化等特征（Brauw & Huang et al.，2002），并使“谁来种地”“如何种好地”成为时下重要的热点话题，家庭农场成为解决此项难题的重要生产主体（杜志雄、王新志，2013）。2008 年，《中共中央关于推进农村改革发展若干重大问题的决定》明确提出“有条件的地方可以发展专业大户、家庭农场等规模经营主体”，2013 年“中央一号文件”首次提出“家庭农场”的概念。截至 2018 年年底，全国家庭农场接近 60 万家，比 2013 年年底增长了 4 倍多[②]，经营面积达到 1.62 亿亩[③]。

家庭农场保留了农业家庭经营的优势，又克服了小规模农户生产的劣势。家庭农场是在小规模农户基础上演进和发展的生产主体，家庭自有成员是家庭

① 文中的“转变”是现阶段农业生产方式向现代农业生产方式转变的简写。

② 人民日报海外网：《中国家庭农场发展取得初步成效，数量达有 60 万家》，http：//m.haiwainet.cn/middle/3541089/2019/0918/content_31631002_1.html，2019 年 9 月 18 日。

③ 农业农村部政策与改革司：《农业农村部关于印发〈新型农业经营主体和服务主体高质量发展规划（2020—2022 年）〉的通知》，http：//www.moa.gov.cn/gk/tzgg_1/tz/202003/t20200306_6338371.htm，2020 年 3 月 6 日。

农场的主要劳动成员。这种经营组织形式高度契合了农业生产季节性和产出随机性的特征；另外，家庭农场又是规模化和商品化的生产主体，是具有职业属性的微观农业经济组织（杜志雄、肖卫东，2014），它克服了小规模农户分散经营以及缺乏引进现代生产要素动机等方面的劣势，对于农业现代化的发展具有重要作用。

家庭农场土地适度规模化的农业生产方式特征，适宜于现阶段小规模农户将会长期存在的现状。家庭农场以家庭成员为主要劳动力，受家庭人口、经营管理水平等限制，决定了家庭农场的土地经营规模不会太大也不会太小。由于中国人多地少资源禀赋的约束，在当前农村劳动力转移不完全的背景下，如果过度追求土地规模的增加则会挤压小农户的生存空间。

因此，依据以上三点，可以总结为：家庭农场是现阶段契合农业经济发展规律和社会发展阶段的生产主体。

二、家庭农场生产方式特征与现阶段中国农业生产方式转变方向相一致

本部分主要借助于分析样本，对家庭农场生产方式特征进行描述。分析样本由 2014 年 829 个全国粮食类家庭农场调查数据组成。2013 年是中国家庭农场发展元年，选用这一年的家庭农场数据研究其生产方式特征能够看到其最原始状态；加之抽样的随机性和样本覆盖面的全面性，从分析样本中所展现的粮食类家庭农场生产方式特征基本可以窥见全国粮食类家庭农场生产方式特征。

（一）家庭农场呈现出土地适度规模化特征

在土地规模化方面，家庭农场呈现出适度规模化的特征（见表 3－5）。样本农场的平均土地经营规模为 390.60 亩，中位数为 236 亩，家庭农场的土地经营规模大多集中于 100—1000 亩，处于这个区间的家庭农场数量占整个家庭农场有效样本的比例为 82.02%，土地经营规模占到整个有效样本土地经营总规模的 66.61%。在有效样本中，土地经营规模处于 200—500 亩的样本农场占整个分析样本的比例接近四成，处于 100—200 亩的样本农场占整个分析样本

的比例接近三成。值得关注的是，土地经营规模处于1000亩以上的样本农场数量占整个样本农场总数量的比例不足1/10，而这类农场拥有的土地总规模超过整个样本农场土地经营总规模的1/3。从不同地区来看（见表3-6），家庭农场的土地经营规模呈现出“东北大、西南小”的特征。东北地区的土地平均经营规模是477.20亩，中位数是300亩，比西南地区平均土地经营规模209.87亩高267.33亩，比西南地区土地经营规模的中位数120亩高180亩。

表3-5　不同土地经营规模的粮食类家庭农场土地经营规模特征

规模分组（亩）	有效样本			平均经营面积		分组总面积		
	数量（个）	占比（%）	累计占比（%）	平均数（亩）	中位数（亩）	面积数（亩）	占比（%）	累计占比（%）
≤100	90	10.86	10.86	79.50	84.00	7154.56	2.21	2.21
(100，150]	154	18.58	29.43	122.89	120.00	18924.78	5.84	8.05
(150，200]	95	11.46	40.89	182.47	185.50	17335.08	5.35	13.41
(200，500]	321	38.72	79.61	316.03	300.00	101444.5	31.33	44.74
(500，1000]	110	13.27	92.88	708.96	687.00	77986.01	24.08	68.82
>1000	59	7.12	100.00	1711.25	1328.00	100963.8	31.18	100.00
总计	829	100.00	—	390.60	236.00	63093.09	100.00	—

表3-6　不同地区的粮食类家庭农场土地经营规模平均值和中位数

地区	数量（个）	土地经营规模平均值（亩）	土地经营规模中位数（亩）
华北	113	222.94	150
东北	347	477.20	300
华东	156	442.42	300
华中	124	265.06	185
西南	40	209.87	120
西北	49	464.25	280

（二）家庭农场专注于生产的专业化水平较高

在专业化方面，家庭农场的专业化水平相对较高（见表3-7）。加入合作社成为家庭农场形成生产专业化的重要途径，后文会重点论述这一论点。在829个分析样本中，接近三成的家庭农场加入合作社，可以认为，接近三成的家庭农场聚焦于生产的专业化水平较高。从不同地区来看，呈现出“西南最高、华中最低”的特征。西南地区的家庭农场加入合作社的概率更高，为42.50%；其次是华东地区，为36.54%；最低的是华中地区，不足25%。

由于家庭农场是以农业收入为主的生产主体，在已加入合作社的农场中，如果农场从合作社获得的服务类别越多，可以认为，农场把与农业生产无关的或在生产方面相对不具有比较优势的环节进行外包的类别越多，其围绕农业生产所形成的专业化水平更高。在已加入合作社的农场中（见表3-7），家庭农场平均从合作社获得的服务类别为3.30种。从不同地区来看，呈现出“华中最多、华北最少”的特征。其中华中地区样本农场从合作社获得的平均服务类别最多，接近4种，其次是华东地区和西南地区，华北地区样本农场从合作社获得的平均服务类别最低，不足2.5种。

表3-7　　不同地区的粮食类家庭农场专业化生产水平

地区	数量（个）	加入合作社比例（%）	从合作社获得的平均服务类别数量[a]（种）
华北	113	25.66	2.41
东北	347	27.38	2.87
华东	156	36.54	3.91
华中	124	23.39	3.97
西南	40	42.50	3.76
西北	49	24.49	3.67
总计	829	28.83	3.30

注：（1）a. 获取“从合作社获得的服务类别数量”数值的样本由已加入合作社的样本农场组成。

（2）从合作社获得的服务类别包括销售农产品、提升农产品品质和质量、购买农资、获得农机作业服务、获得技术服务、提高经营管理水平等。

（三）家庭农场机械化生产水平相对较高

在机械化方面，家庭农场的机械化水平相对较高，并且明显高于全国平均水平（见表3-8）。在粮食类家庭农场分析样本中，三大粮食作物的综合机械化率接近87%，其中，机耕水平超过90%，机播水平达到83%左右，机收水平达到86%左右，比2014年中国三大粮食作物的综合机械化率的75%高12%左右[①]。从不同地区来看，除了西南地区，其他地区的样本农场的综合机械化率都超过了85%。而西南地区样本农场的综合机械化率不足50%，仍未达到全国三大粮食作物综合机械化率的平均水平，西南地区样本农场的机播和机收比率也都未达到40%。这可能与西南地区土地的自然禀赋有很大关系，西南地区多丘陵山区，平地占耕地面积的比重不足20%，而现有农业机械还无法较好地适宜于丘陵山区地形的使用。

表3-8　不同地区的粮食类家庭农场机械化生产水平

地区	综合机械化率（%）	机耕比率（%）	机播比率（%）	机收比率（%）
华北	90.55	93.69	90.71	85.19
东北	88.62	89.64	88.78	87.11
华东	87.37	94.93	72.52	92.46
华中	88.05	91.71	82.09	87.42
西南	49.55	71.37	33.24	37.44
西北	89.83	96.05	85.16	86.19
总计	86.99	91.07	82.51	85.76

在种植作物种类方面（见表3-9），小麦的综合机械化率明显高于玉米和水稻的机械化水平。在不同环节，水稻播种环节的机械化水平明显低于小麦和玉米，而玉米的机收水平明显低于小麦和水稻，这也与全国范围内小麦、水稻和玉米不同环节的机械化水平具有一致性[②]。小麦的综合机械化率超过90%，分别高于玉米和水稻综合机械化率5%和7%左右，水稻的播种/插秧的机械化率超过70%，也超过全国水稻机播/插秧机械化率38%的1倍[③]；玉米的机收水平虽然刚刚超过80%（81.29%），但也比全国玉米机收水平56%高25%[④]。

① 中国网：《中国农作物耕种收综合机械化水平今年将超过61%》，http：//news.china.com.cn/live/2014-11/04/content_29657787.htm，2014年11月14日。

② 数据来源：农民日报：《我国农作物综合机械化水平突破60%》，https：//news.cnhnb.com/zxsd/detail/10293/，2015年1月28日。

③ 同②。

④ 农业部农业机械化管理司：《全国玉米机收面积与机收水平实现“双增长”》，http：//www.nongjitong.com/news/2014/359072.html，2014年12月11日。

这可能与小麦作为旱作粮食作物，相关机械技术较为成熟，而用于水稻的机插秧技术和用于玉米机收技术的发展水平相对滞后有关。

表3－9　　不同种植作物的粮食类家庭农场机械化生产水平

作物	数量（个）	综合机械化率（%）	机耕比率（%）	机播比率（%）	机收比率（%）
小麦	150	92.33	93.79	92.20	89.19
玉米	381	86.15	90.06	85.55	81.29
水稻	298	85.40	90.97	73.78	89.70
合计	829	86.99	91.07	82.51	85.76

（四）家庭农场显现出明显的绿色化生产特征

在绿色化方面，家庭农场显现出明显的绿色化生产特征（见表3－10）。以家庭农场是否使用测土配方施肥技术、每亩化肥或农药使用量与周边农户相比较的多少作为衡量家庭农场绿色化生产方式的指标①。由表3－10发现，超过一半的家庭农场在使用测土配方施肥技术；亩均化肥用量低于或等于周边农户的农场占比接近八成，亩均农药用量低于或等于周边农户的农场占比九成以上。就亩均化肥而言，接近30%的农场在"减量"使用，同时，接近50%的农场化肥用量与周边农户持平。相比于化肥使用，至少40%的农场在减量使用农药，50%左右的农场农药用量与周边农户持平。因此，农场在化肥和农药使用方面都呈现出"减量"使用特征，农药减量程度更大。

从不同地区来看，样本农场使用测土配方施肥技术的比例呈现出"西北高，东北少"的现状，西北地区样本农场应用测土配方施肥技术的比例比东北地区高20%；相比于其他地区，西南地区在化肥农药减量使用中表现较为突出。在西南地区，超过90%的样本农场的化肥施用量不大于周边农户，其

① "一控两减三基本"作为反映家庭农场生产方式的现状更为全面，但受限于2014年家庭农场的监测问卷中未涉及一控三减的内容，在此并未做论述。未涉及的其他绿色化生产方式也尝试从其他文献中发现，在《中国农村发展报告（2019）》中，杜志雄等（2019）在《中国家庭农场的生产经营情况及农场主教育水平对其影响分析：基于全国31省2014—2017年监测数据》一篇中（270－272页）写道："接近2/3的农场属于灌溉农场，接近四成的农场在采用喷灌等节水技术进行灌溉；接近六成的农场进行秸秆还田；超过八成的农场选择农膜回收处理。"这也说明家庭农场的其他绿色化生产行为特征较为突出。

中接近70%的样本农场在减量使用化肥，全部样本农场的农药使用量不大于周边农户，其中超过80%的样本农场在减量使用农药。

表3－10　　不同地区的粮食类家庭农场绿色化生产特征

地区	应用测土配方施肥技术		每亩化肥使用量与周边农户用的低		每亩化肥使用量与周边农户一样多		每亩农药施用量与周边农户用的低		每亩农药施用量与周边农户一样多	
	数量（个）	占比（%）	数量（个）	占比（%）	数量（个）	占比（%）	数量（个）	占比（%）	数量（个）	占比（%）
华北	64	57.66	24	21.62	59	53.15	42	38.74	57	51.35
东北	153	46.36	44	13.21	224	67.27	69	20.61	232	70.30
华东	97	63.40	66	42.58	49	31.61	99	64.29	41	26.62
华中	55	44.72	56	46.28	39	32.23	77	63.64	35	28.93
西南	22	59.46	26	66.67	10	25.64	33	82.50	7	17.50
西北	32	66.67	13	27.08	17	35.42	17	35.42	21	43.75
总计	423	52.74	229	28.38	398	49.32	337	41.92	393	48.88

综合上述对粮食类家庭农场生产方式特征的统计性描述，能够得出如下描述性结果：家庭农场呈现出适度规模化特征，具有较高的专业化和机械化生产特征，并且显现出明显的绿色化生产特征。

家庭农场所展现的农业生产特征基本与现阶段中国农业生产方式转变的方向具有一致性。家庭农场初具适度规模化、专业化、机械化和绿色化的生产方式特征，而现阶段中国农业生产方式仍需要进一步向专业化、机械化和绿色化生产方式转变。结合家庭农场是现阶段契合农业经济发展规律的生产主体，因此可以认为，家庭农场是承担现阶段中国农业生产方式向专业化、机械化和绿色化转变的重要载体。

第五节　本章小结

农业生产方式的内涵在文中是指在不同的生产力水平下农业生产过程中的技术条件和社会条件，具体包括农业生产过程中不同生产环节的组织方式以及农业生产技术在农业生产过程中的采纳和应用等一系列的要素；农业生产方式外延的内容也很丰富，并且不是一成不变的，它是随着生产力水平和社会性质或者社会发展阶段不断发生演变的。

中国现阶段专业化、机械化和绿色化农业生产方式的现状和不足表明，现阶段专业化、机械化和绿色化生产方式的发展已经具备了一定基础，但是，与现代农业生产方式的要求相比，仍需要进一步加强。笔者认为 2008 年至今，中国农业生产方式呈现出以土地适度规模化为主要特征，并突出研究了专业化、机械化和绿色化三种农业生产方式。土地规模化是农业生产方式向专业化、机械化和绿色化转变的必要条件，并且农业现代化的目标也要求现阶段农业生产方式向专业化、机械化和绿色化转变。就现阶段来看：农业生产主体参与农业生产性服务的程度逐步提高，但仍处于偏低水平；农业机械化生产水平稳步提高，但仍未实现全程机械化；农业绿色化生产特征逐渐显现，但化肥农药的施用强度仍处于偏高水平。

家庭农场是现阶段中国农业生产方式转变的重要载体。原因是：家庭农场是现阶段契合农业经济发展规律和社会发展阶段的生产主体，以及家庭农场生产方式特征与现阶段中国农业生产方式转变方向相一致。家庭农场呈现出土地适度规模化特征，具有较高的专业化和机械化生产特征，并且显现出明显的绿色化生产特征。

考虑到现阶段土地经营规模会持续推进，如果能够证明相对于土地经营规模较小的家庭农场，土地经营规模较大的家庭农场专业化、机械化和绿色化生产方式特征更为明显，那么，就可以进一步得出，家庭农场生产方式向专业化、机械化和绿色化转变的方向与土地规模化的方向也是保持一致的，从而可以更加佐证家庭农场是现阶段中国农业生产方式转变的重要载体。这也是本书着重考虑的问题。

第四章　土地经营规模对家庭农场专业化生产的影响研究

第一节　引　言

农业专业化生产是中国农业经济增长的重要源泉，是乡村振兴战略落实和农业现代化实现的有效途径。农业生产的专业化能够提高资源配置效率，增加农业对经济增长的贡献（郑风田、焦万惠，2013），提高农业经济效益和竞争力（姚寿福，2012；罗明忠、刘恺，2015），增加农民收入和提高农户效用（Deininger & Olinto，2001；温涛等，2015）。《新帕尔格雷夫经济学大辞典》中并没有专门关于“专业化”的词条，劳动分工应该是反映专业化本质特征的词汇。劳动分工指的是不同的劳动者负责不同的工作部分。《新帕尔格雷夫经济学大辞典》中对分工是这样定义的：“分工是与专业化和协作及作为其结果的劳动生产力和它的社会形式先联系的”，可以认为，专业化是劳动分工的表现结果。

依据分工的内涵，农业生产专业化的内容很丰富，包括农户专业化、区域专业化和服务专业化（李周，2017）。农户专业化既包括农户在整个生产环节中所从事其他活动内容（包括其他职业）的专业化，也包括农户种植作物品种减少的专业化。如果将专业化往农户内部延伸，农户家庭内部的分工也是一种专业化，比如从事农业的劳动力“妇女化”“老龄化”等特征。区域专业化指的是在整个空间层面的专业化，比如“粮食生产功能区”“特色农产品优势区”，它主要表现在两个方面：一种是各区域农产品种类的减少，主要产品生产比例的提高；另一种是各类产品在主产区的产量占总产量的比重提高。服务专业化指原本由一个生产主体负责的全部生产过程分工给不同的专业化主体完成，主要包括农业生产资料购买等产前环节服务，产中，运输、储藏、销售服务等产后环节的服务，产中环节的服务专业化又可以进一步分为技术服务、机械作业服务和管理服务等。

在农业专业化生产的内容中，服务专业化是当前很突出的专业化特征，也是当前最迫切和最需要关注的专业化生产特征。在小农户长期存在的背景下，服务专业化能够有效促进小农户与现代农业的有机衔接。尤其是，随着新型农业生产经营主体的出现，不同的新型农业生产经营主体在农业的产业链条中各司其职，发挥各自在产前、产中和产后不同领域的比较优势，因不同环节和不同层面的纵向分工形成的专业化是构建现代农业经营体系的关键[①]。2017 年 5 月发布的《关于加快构建政策体系培育新型农业经营主体的意见》中提到“加快形成以农户家庭经营为基础、合作与联合为纽带、社会化服务为支撑的立体式复合型现代农业经营体系”，2017 年 10 月提出的《促进农业产业化联合体发展的指导意见》中也指出，“各类新型农业经营主体发挥各自优势、分工协作”，2020 年 3 月编制的《新型农业经营主体和服务主体高质量发展规划（2020—2022 年）》中同样指出要以“充分发挥家庭农场、农民合作社、社会化服务组织在农业产前、产中、产后等领域的不同优势”为指导思想。从上述政策文件发布时间的持续性和对服务专业化的持续关注度看，可以认为，国家层面支持和鼓励不同新型农业生产经营主体在各自优势环节发挥自身的比较优势，并且迫切需要通过服务专业化构建现代农业生产经营体系。

在各类新型农业生产经营主体中，家庭农场的比较优势体现在生产（产中）环节，它的专业化程度主要体现在农业活动围绕生产所形成的专业化。这取决于两个方面：一是家庭农场是一类专注于农业生产的生产主体[②]，二是家庭农场对于农资购买、农产品运输储藏、加工销售等服务的需求更为迫切

---

① 人民日报：《加快构建现代农业经营体系》，https：//baijiahao. baidu. com/s？ id = 1611983605898637789&wfr = spider&for = pc，2018 年 9 月 19 日。

② 农业农村部政策与改革司：《关于实施家庭农场培育计划的指导意见》，http：//www. moa. gov. cn/gk/zcfg/nybgz/201909/t20190909_6327521. htm，2019 年 9 月 9 日。

郭熙保、郑淇泽：《专家：确立家庭农场在新型农业经营主体中的主导地位》，http：//theory. people. com. cn/n/2014/0423/c40531 - 24932013. html，2014 年 4 月 23 日。

参考向国成、杨继平（2003）把农户的活动分为生产和经营两类的做法，生产指的是田间管理等产中环节，经营则包括育种、农资购买等产前环节和农产品仓储、加工和销售等产后环节。后文中出现的生产统一指的是包含田间管理等工序在内的产中环节。

（杜志雄，2018）。家庭农场是具有职业属性的微观农业经济组织（杜志雄、肖卫东，2014），以农业收入作为全部或主要收入来源的生产主体，是最适合当前农业生产的实践者和组织形式[①]（杜志雄，2018；韩朝华，2017）。杜志雄（2019）基于全国家庭农场监测数据论证发现，家庭农场表现出生产的集约化水平更高、更注重应用新技术、生态自觉和注重生产经营管理水平等一系列特征，提出应该“把家庭农场置于新型农业经营主体的核心培育”的论断。在服务需求方面，家庭农场作为规模化的生产主体，由于经营规模较大的特征决定了其从外部服务中获得的收益也较大，从而更有合作需求和相关行动（杜志雄，2018）。

加入合作社是家庭农场满足生产专业化需求的一种手段选择。国家对合作社的功能定位主要集中于农业的经营服务环节，家庭农场与它的合作能够更好地实现功能互补，建立起分工协作机制。《中华人民共和国农民专业合作社法》第一章第二条中规定“农民专业合作社以其成员为主要服务对象，提供农业生产资料的购买，农产品的销售、加工、运输、贮藏以及与农业生产经营有关的技术、信息等服务”。2017 年农业部、国家发展和改革委员会等联合发布的《关于促进农业产业化联合体发展的指导意见》中也指出，要通过强化家庭农场的生产能力、提高合作社的服务能力等途径，以便更好地建立新型农业生产经营主体的分工协作机制。

现有关于家庭农场或其他生产主体的专业化文献中，较少关注产前、产中和产后不同环节分工形成的专业化以及在新型农业生产经营主体中，依据不同新型农业生产经营主体不同的比较优势和功能定位所形成的专业化，并且很少有文献把家庭农场加入合作社作为衡量家庭农场专注于生产的专业化程度指标。在农业的纵向分工中，现有研究中大多以生产环节内部不同工序（耕地、插秧、防疫植保和收割等）的外包环节数量或是否有不同工序的外包行为发生作为衡量农业纵向分工专业化水平的指标（杨进等，2019；刘家成等，2019；梁志会等，2020）。另外，在论述家庭农场参与合作社的行为方面，大多数文献从组织化的角度考虑家庭农场与合作社之间的关系（杜志雄等，2019），而缺少专业化视角

---

① 农业部：《农业部关于促进家庭农场发展的指导意见》，http：//www. moa. gov. cn/nybgb/2014/dsanq/201712/t20171219_6105426. htm，2017 年 12 月 5 日。

的考虑。即使有文献用加入合作社作为测算生产主体的专业化水平，但是，往往把加入合作社作为核心自变量（杨丹、刘自敏，2011；白积洋，2012），而没有把加入合作社作为衡量生产主体生产专业化水平的代理变量，并且在合作社为何能够成为衡量生产主体专业化水平的判断中缺乏详细论述。

因此，在构建现代农业生产经营体系的迫切要求下，关注家庭农场专注于生产的专业化水平既是现实背景下的客观需要又是对原有文献的创新及补充。那么，在土地规模化特征逐渐显现的趋势下，土地经营规模对家庭农场专业化生产的具体影响效应也亟待回答。因此，本章接下来的安排如下：第二节，论述家庭农场加入合作社是实现专业化的重要途径；第三节，对土地经营规模与家庭农场加入合作社之间影响的内在机理进行理论分析，并提供本章的研究假说；第四节，对包含土地经营规模在内的家庭农场特征、家庭农场主特征与家庭农场加入合作社的相关关系进行统计性描述分析；第五节，设定计量模型并利用工具变量方法等计量方法进行实证检验土地经营规模对家庭农场专业化生产影响的因果关系，用以佐证研究假说；第六节，对本章进行总结。

第二节　加入合作社是家庭农场实现专业化的重要途径

结合现有文献和现实经验，本节将从三个方面论述家庭农场加入合作社是实现专业化的重要途径：一是家庭农场倾向于从合作社等在农业产前、产后环节中具有比较优势的组织中获得相关生产性服务；二是一般情况下，合作社是满足家庭农场获得产前、产后生产性服务的主要途径；三是家庭农场把产前、产后的环节外包给合作社，同时农场聚焦于生产，农场专注于生产的专业化程度提升。

第一，家庭农场追求农业收入利润最大化的基本特征以及家庭农场在现有农资或农产品销售市场中的议价能力所处的弱势地位，决定了家庭农场倾向于从合作社等在产前、产后环节具有比较优势的组织中获得此类生产性服务。家庭农场主要从小农户或种植大户中孕育（杜志雄，王新志，2013；高强等，2013），是具备职业属性的微观农业经济组织（杜志雄、肖卫东，2014），土地经营规模适度，农产品的商品化程度高，以农业收入作为主要或全部家庭收入来源[①]。韩旭东等（2018）以全国3350个家庭农场和种植大户为研究主体，对网络销售对其品牌化建设影响的描述性统计时发现，家庭农场对于农业信息的需求主要集中在生产端，何劲等（2018）也发现家庭农场在农业生产产业链的功能主要是供给农产品。家庭农场上述一系列特征决定了家庭农场是追求农业收入利润最大化的生产主体，为了达到此项目标，家庭农场对于提高农业收入和降低农业投入成本具有强烈需求，农产品销售价格的提升和农资生产投入成本的降低则属于其重要组成部分。

由于现有农资市场中买卖双方信息不对称性的存在，使家庭农场不容易或无法甄别较为专业的农资供应商，并且其议价能力仍处于弱势地位[②]，使其不容易或无法获得在农资同等质量下较低的购买价格或者在相同价格下质量较好的农资或者较为专业的诸如农药施用的技术指导。由于农资市场中农资供应商参差不齐[③]，张蒙萌、李艳军（2014）从案例的角度分析发现，由于一般农户没有农资销售商掌控的信息优势，导致一般农户在搜集和获取信息时处于被动地位，从而农资销售商具有垄断优势（彭代彦等，2013）。吴笑晗、孟巍（2019）利用中国家庭追踪调查的数据，基于双边随机边界模型，对农业生产资料市场中供求双方的议价能力分析发现，认为在信息不对称的情况下，农资销售商在农资的议价中占有优势地位，从而使农资交易价格高出基准价格的14.92%。王友成、叶金华（2017）认为，家庭农场很容易购买到假冒农药，喷施后容易造成农作物中毒。

由于农产品销售市场中销售信息不对称性的存在，农产品的同质性、产量的不稳定性及每个生产主体的农产品市场份额的偏低等导致家庭农场在市场中的议价能力处于弱势地位，使其不容易或无法获得较高的农产品销售价格。由于农作物的生长依赖于自然条件，并且生产周期较长，导致农作物极易受到天

① 农业部：《农业部关于促进家庭农场发展的指导意见》，http：//www.moa.gov.cn/nybgb/2014/dsanq/201712/t20171219_6105426.htm，2017年12月5日。

② 中国饲料行业信息网：《家庭农场启示录》，http：//www.feedtrade.com.cn/livestock/forecast/2051626_3.html，2013年12月26日。

③ 农资市场网：《家庭农场与农资经营》，http：//www.enongzi.com/columns/127.html，2014年7月4日。

气等自然状况的影响，进而会导致农产品产量的不稳定性，从而较难持续保持与同一个销售商的联系（郜亮亮、杜志雄，2015），较难获得稳定的销售渠道（任晓娜，2015），进而，在市场交易中因频繁更换销售商或销售渠道，导致农产品价格存在波动，农场面对市场风险的概率升高，并且会促使交易频率的增加而产生较多的交易成本。太玲娟、李林红（2017）也发现，在销售市场中，某一个农业生产主体对于农产品的供求信息难以有效采集，从而容易产生不公平交易。家庭农场的相关案例也证明了这一点，2013 年秋，宜城市几位农场主在农产品销售价格上颇有感触，“主要是信息不通。市场瞬息万变，对市场吃不准、看不透、农产品价格上扬，有时我们不知道，等知道追上已经晚了”①，宝鸡市林光村的家庭农场主柳某反映，其生产的土蜂蜜质量好，但由于缺乏营销，土蜂蜜的销量不大，价格也不高②。

由上面的分析可知，家庭农场在农业生产的产前和产后环节往往处于市场中的弱势地位，为了提高农业生产效益，其需要借助于其他在农业产前、产后环节具有比较优势的组织提供此类生产性服务。农业生产性服务是农业生产者用于中间投入的服务，涉及农业产前、产中和产后的服务（姜长云，2013），其中，产前的服务主要包括良种、农药化肥、农机等农资的生产和供应，产中的服务主要包括保险、技术、防疫等，产后的服务主要包括农产品的加工、销售等。相关研究也发现，在农资供应、质量检验、电子商务等 8 类生产性服务中，农场类生产主体对于农资供应、农产品运输销售的服务需求更为强烈（张晓敏、姜长云，2015；庄丽娟等，2011），而为了满足这种需求，家庭农场倾向于与在产前、产后环节具有比较优势的组织进行合作（王勇，2014；郜亮亮、杜志雄，2015；杜志雄等，2019；王志刚、于滨铜，2019）。

第二，合作社的功能定位、带来更多收益以及合作社的分布广泛等特征是满足家庭农场获得产前、产后环节生产性服务的主要选择路径。依据合作社的定义，可以知道，国家对合作社的功能定位主要集中于农业生产过程中的产前、产后环节。《中华人民共和国农民专业合作社法》（以下简称《农民专业合作社

① 人民网：《发展家庭农场面临“四难”》，http：//finance. people. com. cn/n/2014/0128/c1004 - 24247295. html，2014 年 1 月 28 日。

② 农资导报：《家庭农场严重亏损，举步维艰的背后是什么?》，https：//m. sohu. com/a/138939709_183801，2017 年 5 月 7 日。

法》）第一章第二条中规定“农民专业合作社以其成员为主要服务对象，提供农业生产资料的购买，农产品的销售、加工、运输、贮藏以及与农业生产经营有关的技术、信息等服务”。固定观察点体系合作社的数据显示，682 个合作社样本中，提供农产品销售服务的合作社占八成以上，其次是农技服务（78.9%）、良种引进（73.6%）和生产资料购买（73.5%）的服务[①]，并且，在本章的分析样本中，加入合作社的农场中有接近 70% 的家庭农场获得了农产品销售、农资购买和贷款服务。合作社作为农民经济互助性组织，可以帮助农户购买种子、提供信贷，帮助农户进行农产品销售，提供农产品加工和品牌创建等服务（张晓山，2004）。

合作社不仅能够满足家庭农场产前、产后环节的生产性服务需求，而且家庭农场也可以从合作社中获得较多的收益。一是加入合作社的家庭农场容易获得低于市场价格的农资以及高于市场价格的农产品销售价格。因合作社大多是同一地区同质性较强的农户的联合，成员与合作社之间的目标具有一致性（苑鹏，2011），其容易在原先农场不具备规模经济的产前和产后环节形成规模效益，在农资购买市场和农产品销售市场中处于优势地位，从而能够为社员争取到较低的农资购买成本和较高的农产品交易价格[②]（穆娜娜、孔祥智，2019），进而农场可以从合作社中获得更多收益（万俊毅、曾丽军，2020）。比如，浙江衢州全旺道米家庭农场专业合作社是由 25 个经营规模 100 亩以上的种粮家庭农场组成，2018 年统一从史丹利肥料公司购买肥料时，获得的肥料价格从 5000 元每吨降到 4500 元每吨[③]。二是相比于普通小农户，规模化的家庭农场从合作社中获得的收益更多。家庭农场作为规模化的生产主体，因其土地经营规模较大，家庭农场的农资和农产品交易量也往往较多，从而在相同的价格水平下，农场能够从合作社中获得效益也更多。

既然家庭农场加入合作社能够获得较多收益，现实中，也发现合作社的数

---

① 农民日报：《2019 中国新兴农业经营主体发展分析报告（二）——基于农民合作社的调查和数据》，http：//www. csxfc. com/news/nongyexinwen/201902/00000967. html，2019 年 2 月 26 日。

② 中国饲料行业信息网：《家庭农场启示录》，http：//www. feedtrade. com. cn/livestock/forecast/2051626_3. html，2013 年 12 月 26 日。

③ 吾道有涯（浙江省衢州市衢江区农业农村局）：《25 个家庭农场变成 1 个合作社，产生了什么效果》，http：//www. 360doc. com/content/19/0414/09/36274037_828652040. shtml，2019 年 4 月 14 日。

量确实很多，并不构成家庭农场想加入合作社而没有合作社可加入的问题。合作社因其分布广泛且数量较多，有农业产前、产后生产性服务需求的家庭农场一般都能够有机会接触到并且选择参加合作社。截至 2019 年年底，依法登记的农民合作社数量达到 220.1 万家，加入合作社的农户全国接近 50%①，每个村至少有一家合作社②。在 2015 年年底，全国农业龙头企业仅为 12.9 万个③，而 2015 年 10 月底合作社数量已达到 147.9 万家④，合作社数量是农业龙头企业数量的 11.5 倍左右。

上面已经论证了合作社是家庭农场获取产前、产后生产性服务的主要途径，不少文献资料也同样佐证了这一观点。张滢（2015）认为，“家庭农场 + 合作社”的模式会成为联结家庭农场与市场的有效渠道。何劲、祁春节（2018）认为合作社在家庭农场产业链中起到纽带作用，何劲等（2018）通过调查发现，家庭农场产业链的模式中出现较多的四种类型均是“家庭农场 + 农民专业合作社 + 其他组织类型”的形式。孔祥智认为家庭农场最终会走向合作和联合，它是有竞争力的合作社发展的基础⑤，是合作社发展的参与者和助推者。并且，孔祥智在解读《新型农业经营主体和服务主体高质量发展规划（2020—2022 年）》中指出，在新型农业生产经营主体中，龙头企业最终需要通过合作社与家庭农场构建利益联结⑥。

第三，家庭农场把产前、产后的环节外包给合作社后，同时聚焦于生产环节，专注于生产的专业化程度提升。加入合作社后，家庭农场把原先所负责的产前、产后环节逐渐分离出去，从而降低了在产前、产后和生产（产中）环节之间的转换成本，节省了家庭农场关注于产前、产后环节的时间和精力，从

① 农业农村部新闻办公室：《新型农业经营主体和服务主体高质量发展规划（2020—2022 年）》解读一：促进新型农业经营主体和服务主体高质量发展》，http：//www.zgnmhzs.cn/dcyj/llyj/202003/t20200325_7338957.htm，2020 年 3 月 25 日。

② 农民日报：《重视发掘合作社抗疫的社会价值》，http：//szb.farmer.com.cn/2020/20200311/20200311_003/20200311_003_1.htm，2020 年 3 月 11 日。

③ 农业部农村经济体制与经营管理司：《农业部：全国农业产业化组织总数达 38.6 万个》，https：//news.cnhnb.com/rdzx/detail/119170/，2016 年 8 月 1 日。

④ 农民日报：《147 万家合作社覆盖全国四成农户》，http：//www.chinacoop.gov.cn/HTML/2015/12/08/104304.html，2015 年 12 月 8 日。

⑤ 同①。

⑥ 同①。

而保证了更能专注于农业的生产环节，提高了家庭农场在农业生产中的精湛度。并且，也有研究表明，家庭农场加入合作社之后，农场的经济绩效提高（刘同山、孔祥智，2019），文中所用分析样本中也表明，相对于未加入合作社的农场，加入合作社的农场的亩均纯收入 647.12 元（比未加入的多 25.96 元），劳均纯收入 6.77 万元（比未加入的多 1.23 万元）。因此，可以认为，家庭农场负责生产的专业化水平提高（温涛等，2015）。

不少文献也同样佐证了上述观点。张世云认为“家庭农场 + 合作社”的模式是开展农业专业化的组织形式①，农民经济组织的出现是农业专业化的必然要求。杨丹、刘自敏（2011）采用中国科学院“农村贫困与发展”项目 2003 年搜集的 2445 个样本，利用联立方程模型发现农民参与农民经济组织能够有效促进农民的专业化水平。白积洋（2012）基于广东湛江市的“农民专业合作社和农业专业化情况”的 440 份调查数据，以“农户是否参与农业生产环节的分工”为专业化的变量，发现加入合作社的农户都通过扩大产品的销售范围、降低交易所产生的成本等途径提升了自身的专业化水平。刘自敏、杨丹（2013）利用 2010 年 6 个省市的相关数据，以“农户的生产环节有多少项是由雇工完成”度量分工程度，利用 Tobit 模型，发现农民合作社显著促进了农民的分工，提高了自身的专业化水平。

综合以上分析，可以认为，家庭农场加入合作社是实现专业化的重要途径。也可以说，相比于未加入合作社的家庭农场，加入合作社的家庭农场专注于生产的专业化水平更高。

第三节　土地经营规模对家庭农场加入合作社的影响

土地作为承载家庭农场生产的基本生产要素，土地经营规模的变化势必会引起家庭农场生产要素的配置变化，进而导致家庭农场生产行为的变化。因

① 张世云：《创新完善利益共同体提升小农发展能力》，http：//www.hsagri.cn/Article/Show/4661，2018 年 11 月 26 日。

此，土地经营规模的增加会通过何种原因或方式影响家庭农场的专业化生产是需要思考和解答的问题。在探究这个问题之前，需要先对土地经营规模对家庭农场加入合作社的影响进行分析。下面将从家庭农场成本收益的视角来分析家庭农场的土地经营规模与农场加入合作社之间的理论逻辑关系。

相对于土地经营规模较小的农场，土地经营规模较大的农场在合作社中产生的农资投入成本和交易成本明显降低。相对于土地经营规模较小的农场，土地经营规模较大的农场为了满足生产需要，所需要的农资数量较多、所生产的农产品的销售量也较多，此类农场在市场中的交易量会增大（杜志雄，2018）。交易量的增大会引起家庭农场在市场与农资销售商和农产品的购买者等交易商所发生的交易环节和交易频率增多，所引起的交易不确定性也显著增强，从而最终导致交易成本的增高（Coase，1937）。此时，如果家庭农场能够把产前的农资购买和产后的农产品销售等环节外包给合作社，那么，规模大的农场在市场中所付出的交易成本的降低幅度会显著高于规模小的农场。

相对于土地经营规模较小的农场，土地经营规模较大的农场从合作社中获得的收益更多。由于家庭农场在农业竞争市场中依然处于弱势地位（Vladislav Valentinov，2007；韩朝华，2017；杜志雄等，2019），因此，相对于土地经营规模较小的农场，土地经营规模较大的农场在市场中农资和农产品等交易量较多，受到市场价格波动影响所带来的损失量较高的概率也更高。此时，如果家庭农场能够把产前的农资购买和产后的农产品销售等环节外包给合作社，交给专门负责农资购买或农产品销售的主体。那么，农场就可以较好地识别和防范风险，并且规模大的农场由于农资或农产品的交易量较多，相对于土地经营规模小的农场，所获得的利润也更多。同时借助于此，其往往优先享有合作社的盈余分配权（王勇，2014）。另外，农场主把产前和产后等环节外包给合作社后，也就能够投入更多的时间和精力进行田间管理，从而提高农产品产量。

从以上的理论分析中可以发现，在其他因素不变的情况下，相对于土地经营规模较小的农场，土地经营规模较大的农场加入合作社的概率更高。综合第二节的观点“家庭农场加入合作社是实现专业化的重要途径”，如果能够实证证明，在其他因素不变的情况下，相对于土地经营规模较小的农场，土地经营规模较大的农场加入合作社的概率更高。那么，可以间接说明，在其他因素不变的情况下，相对于土地经营规模较小的农场，土地经营规模较大的农场的专业化程度较高。

因此，本章的研究假说为：在其他因素不变的情况下，相对于土地经营规模较小的农场，土地经营规模较大的农场专注于生产的专业化水平较高。

第四节　统计描述性分析

一、土地经营规模与家庭农场加入合作社

从表4-1能够看出，土地经营规模较大的农场加入合作社的概率高于土地经营规模较小的农场，这间接说明，土地经营规模较大的农场更倾向于把产前、产后的生产性服务外包给合作社，同时，自身专注于生产的专业化水平提高。这里把土地经营规模分成6组进行描述性统计分析，分别为75亩及以下、75—110亩、110—240亩、240—370亩、370—850亩及850亩以上。在829个分析样本中，差不多有1/3（239个）的家庭农场加入合作社。具体表现为，土地经营规模在75亩及以下的农场加入合作社的概率不足10%，当土地经营规模增加到75—110亩和110—240亩时，农场加入合作社的概率均超过20%，分别提高到20.75%和21.00%，土地经营规模进一步增加到240—370亩和370—850亩时，农场加入合作社的概率超过30%，进一步分别提高到35.85%和36.47%，当土地经营规模达到850亩以上时，农场加入合作社的概率超过40%，上升到43.90%，比平均水平高出15个百分点。

表4-1　按照土地经营规模分组的加入合作社的农场数量及其占比

土地经营规模（亩）	总样本数（个）	加入合作社的农场	
		样本数（个）	占比（%）
≤75	31	3	9.68
(75, 110]	106	22	20.75
(110, 240]	281	59	21.00
(240, 370]	159	57	35.85

续表

土地经营规模（亩）	总样本数（个）	加入合作社的农场	
		样本数（个）	占比（%）
(370.850]	170	62	36.47
>850	82	36	43.90
总体	829	239	28.83

因此，如果仅从土地经营规模与家庭农场是否加入合作社的描述性统计结果来看，上述假说在某种程度上是成立的。

二、家庭农场特征与家庭农场加入合作社

除土地经营规模之外，同时，还发现家庭农场的部分特征也对农场是否加入合作社产生了影响（见表4－2）。

表4－2　按照家庭农场特征分组的加入合作社的农场数量及其占比

农场特征	总样本数（个）	加入合作社的农场	
		样本数（个）	占比（%）
是否为示范农场			
是	186	70	37.63
否	643	169	26.28
种植作物种类数			
1种	314	70	22.29
2种	336	110	32.74
3种及以上	174	59	33.91

表4－2描述了家庭农场主特征与农场加入合作社之间的关系。可以发现，示范农场相比于非示范农场加入合作社的概率更高，两者概率的差值超过10%。示范农场一般比未评定为示范的其他农场在组织程度、经营管理水平等方面具有优势（蔡荣等，2019），刚好这些特征的存在可能也促使家庭农场倾向于把产前、产后的生产性服务进行外包给合作社，从而促进此类农场生产的专业化程度增强；在种植作物种类数方面，种植作物种类数较多的农场相对于种植作物种类数较少的农场加入合作社的概率更高。如种植作物种类数3种及

以上的农场加入合作社的概率比种植1种作物的农场加入合作社的概率高10%左右。这或许说明，种植作物种类数的增加意味着农场在农资购买和农产品市场销售方面，需要购买种类较多的良种和拓展不同的销售市场，而不同的农资购买和销售市场的拓展会耗费农场主较多的精力，并且不一定能够在每个销售市场中占有较好的议价能力。因此，为了规避风险，此类农场可能更倾向于参加合作社获得农资购买和销售等方面的服务。

三、家庭农场主特征与家庭农场加入合作社

能够发现，不同的农场主禀赋特征与家庭农场是否加入合作社也存在一定的关系（见表4－3）。

表4－3 按照家庭农场主特征分组的加入合作社的农场数量及其占比

农场特征	总样本数（个）	加入合作社的农场	
		样本数（个）	占比（%）
性别			
男	766	213	27.81
女	63	26	41.27
受教育程度			
小学及以下	42	11	26.19
初中	452	115	25.44
高中/中专/职高	274	88	32.12
大专及以上	61	25	40.98
是否接受培训			
是	627	208	33.17
否	202	31	15.35
户籍			
外村	130	41	31.54
本村	699	198	28.33

由表4－3可知：性别方面，女性农场主仅占整个分析样本的8%左右，并且女性农场主经营的农场比男性农场主经营的农场加入合作社的概率高15%左右，这可能与相比于男性，女性更属于风险规避者相关（Croson & Gneezy，2009）；农场主的受教育程度基本集中于初高中水平，占整个分析样

本的八成左右，并且发现，受教育程度较高的农场主经营的农场比受教育程度较低的农场主经营的农场加入合作社的概率更高。比如，大专及以上组的农场主经营的农场比初中组的农场主经营的农场加入合作社的概率高 15%，这可能与教育水平较高的农场主具有更好的自我认知，更懂得权衡优劣，进而更愿意尝试能够提高农业生产效率的专业化分工；超过七成的农场主接受过培训，接受过培训的农场主经营的农场比未接受过培训的农场主经营的农场加入合作社的概率高 1 倍左右；农场主的户籍大多来自于本村，仅有 1/6 的农场主的户籍来自于外村，并且外村的农场主经营的农场比本村农场主经营的农场加入合作社的概率高 3% 左右。或许因为外村户籍的农场主对于本地农资购买和农产品销售等市场的信息没有本村户籍的农场主熟悉，从而增加了其通过合作社销售农资和农产品的意愿。

综上所述，家庭农场的特征、家庭农场主的不同禀赋特征都对家庭农场是否加入合作社产生了影响。因此，为了得到土地经营规模与家庭农场是否加入合作社两者之间更直接的因果关系，必须进行多元统计分析。

第五节　计量分析

一、模型设定和变量描述

在土地经营规模化的过程中，设定如下经济计量模型估计和检验不同家庭农场和家庭农场主特征下土地经营规模对家庭农场是否加入合作社的影响。以下为设定的经济计量模型：

$$special_i = \alpha_0 + \alpha Scale_i + \sum_{k=1}^{k=4} \beta_k Ff_{ki} + \sum_{m=1}^{m=6} \lambda_m Mff_{mi} + \xi_i$$

上式为土地经营规模对家庭农场是否加入合作社影响的经济计量模型。被解释变量 *special* 表示家庭农场是否加入合作社，*Scale* 是核心解释变量，表示家庭农场经营的土地总规模。*Ff* 表示家庭农场的特征，包括是否为示范农场、土地经营意愿、种植作物种类数、农场拥有农机总价值；*Mff* 表示家庭农场主的特征，包括性别、年龄、教育水平、从业经历、是否接受培训以及户籍；α、β、λ 表示模型中的待估计参数。其中，α 为重点关注的参数，预计 $\alpha>0$，表明土地经营规模对于家庭农场是否加入合作社具有正向影响。即，相对于土地经营规模较小的农场，土地经营规模较大的家庭农场倾向于通过加入合作社的方式把涉及产前产后环节的生产性服务进行外包，进而农场专注于生产的专业化水平提高。表 4－4 展示了相关变量的描述性统计结果。

表 4－4　回归分析所用变量的描述性统计结果

变量	含义及单位	均值	标准差	最小值	最大值
被解释变量					
家庭农场是否加入合作社	是 =1；否 =0	0.29	0.45	0	1
核心解释变量					
土地经营规模	亩	390.60	488.24	30	5050
家庭农场特征					
是否是示范农场	是 =1；否 =0	0.22	0.42	0	1
土地经营意愿	扩大规模 =1；不变及减少规模 =0	0.76	0.43	0	1
种植作物种类数	种	1.83	0.75	1	3
家庭农场拥有农机总价值	万元	24.12	36.63	0	300
家庭农场主特征					
性别	男 =1；女 =0	0.92	0.27	0	1
年龄	岁	45.04	8.35	17	73
教育水平	不识字或小学 =1；初中 =2；高中/中专/职高 =3；大专及以上 =4	2.43	0.70	1	4
从业经历	有普通农民经历 =1；没有普通农民 =0	0.74	0.44	0	1
是否接受过培训	是 =1；否 =0	0.76	0.43	0	1
户籍	外村 =1；本村 =0	0.16	0.36	0	1
进一步讨论时用到的变量					
已加入合作社的农场获得的服务种类	种	3.29	1.78	0	7

二、内生性问题

本章的核心解释变量为土地经营规模，存在内生性问题，此问题会使计量估计结果不一致。一方面，较大的土地经营规模会促使农场加入合作社，而农场加入合作社后可能也会选择继续增加土地经营规模，两者之间存在双向因果关系。另一方面，虽然模型已控制了影响农场加入合作社的重要变量，但仍存在遗漏重要解释变量的问题，如样本农场所处区域的合作社数量、当地的农资或农产品销售市场不完全竞争程度等，进而影响模型估计的一致性。

采用工具变量方法来克服内生性问题，所选取的工具变量是"2004 年样本县人均耕地面积"。2004 年样本县人均耕地面积总体上会对农场土地经营规模产生影响，而农场是否加入合作社难以对 2004 年样本县人均耕地面积产生直接影响，进而切断了两者之间的双向因果关系。工具变量的外生性方面，2006 年的"中央一号文件"中才明确提出"积极引导农民发展各类专业经济合作组织"，2007 年 7 月 1 日《农民专业合作社法》的实施成为农民专业合作社出现的契机，因此，可以认为，2004 年样本县人均耕地面积并不会直接影响当地合作社数量及农资或农产品销售市场不完全竞争程度等遗漏变量；相关性方面，2006 年国家开始规定 18 亿亩耕地红线，因此，2004 年的样本县人均耕地面积越大，当地的规模化经营越有可能形成，也越有可能对 2014 年的农场经营规模产生影响。所以，采用 2004 年的样本县人均耕地面积作为 2014 年的农场土地经营规模的工具变量在逻辑上具有合理性。后文将从统计上检验该工具变量的有效性。

三、估计方法和估计结果

关于工具变量的一系列检验结果表明（见表 4 - 5），2004 年的样本县人均耕地面积作为农场土地经营规模的工具变量是有效的。第一，用工具变量法估计 LPM 模型的第一阶段结果表明，2004 年样本县人均耕地面积对农场土地经营规模有非常显著的正向影响，该变量在 1% 的水平上显著。第二，工具变量的不可识别检验显著拒绝了原假设，Cragg - Donald Wald F 为 75.365，大于 Stock - Yogo 检验 10% 水平临界值 16.380，拒绝了工具变量弱识别的原假设，进一步证实了本研究所选用的工具变量为强工具变量。

表 4-5 OLS 第一阶段结果（因变量为农场土地经营规模[a]）

2004 年县人均耕地面积（亩）	1.149***
	(0.313)
F 检验值	13.470***
不可识别检验	10.606***
弱工具变量检验	75.365***

注：(1) *** 表示在 10% 的水平上显著。

(2) 为了回归系数不至于太小，表 4-5 和表 4-6 中的农场土地经营规模用原土地经营规模除以 100 后得到的变量进行回归。相比于直接用农场土地经营规模进行回归，显著性的结果不会改变，而系数会增加 100。

首先用最小二乘法（OLS）估计线性概率模型（LPM），结果见表 4-6 中第 1 列；其次，考虑到关键解释变量可能存在内生性，用工具变量（IV）方法估计 LPM 模型，结果见表 4-6 中第 2 列；最后，考虑到被解释变量是虚拟变量，利用线性概率模型进行估计时，解释变量的边际效应恒为常数，并有可能引起预测概率值小于 0 或大于 1，导致估计结果的不准确，因此进一步用 Logit 模型进行估计，结果见表 4-6 中第 3 列。

表 4-6 农场土地经营规模对家庭农场加入合作社影响的估计结果

项目	加入合作社		
	LPM - OLS (1)	LPM - IV (2)	logit - MLE (3)
农场土地经营规模（亩）	0.012***	0.029***	0.011***
	(0.003)	(0.011)	(0.003)
是否是示范农场	0.059	0.063	0.053
	(0.039)	(0.041)	(0.034)
经营土地意愿	0.022	0.046	0.021
	(0.036)	(0.038)	(0.036)
种植作物种类数	0.028**	0.020	0.026**
	(0.014)	(0.014)	(0.012)
拥有农机总价值（对数）	0.007	-0.001	0.008
	(0.006)	(0.007)	(0.006)

续表

项目	加入合作社		
	LPM - OLS (1)	LPM - IV (2)	logit - MLE (3)
性别	-0.145**	-0.141**	-0.133**
	(0.063)	(0.064)	(0.052)
年龄	-0.000	-0.001	-0.000
	(0.002)	(0.002)	(0.002)
受教育程度	0.011	-0.001	0.012
	(0.025)	(0.025)	(0.024)
主要从业经历	-0.134***	-0.108**	-0.123***
	(0.040)	(0.045)	(0.034)
是否接受过培训	0.154***	0.137***	0.182***
	(0.032)	(0.034)	(0.042)
是否为外村户籍	-0.006	-0.001	-0.015
	(0.045)	(0.049)	(0.044)
地区[a]	已控制	已控制	已控制
常数项	0.256*	0.237*	—
	(0.137)	(0.142)	
观测值	804	743	804
F 检验值	7.880***	5.890***	—
Wald chi2	—	—	70.85***
Log pseudolikelihood	—	—	-441.6793
内生性检验	3.225*		—

注：(1) a. 此处未控制省份或县的主要原因是部分样本省份和样本县的农场数量较少，可能会导致回归结果的不准确。农场数量小于10家的样本省份共有7个，占全部样本省份的1/4，农场数量小于5家的样本县共有21个，占全部样本县的1/3；结合土地资源禀赋、经济发展水平，参考杨进等(2016)的做法，将全国的省份分成4大地区，包括东北（347个）、东部（154个）、中部（198个）和西部（130个），其中东北地区包括黑龙江省、吉林省和辽宁省；东部地区包括天津市、河北省、山东省、江苏省、浙江省、福建省、广东省；中部地区包括山西省、河南省、湖北省、湖南省、江西省和安徽省；西部地区包括重庆市、四川省、广西壮族自治区、贵州省、云南省、陕西省、甘肃省、内蒙古自治区、宁夏回族自治区、新疆维吾尔自治区和青海省；以下表格出现地区与此分组相同。

(2) 括号内为异方差稳健标准误。

(3) ***、**、*分别表示在10%、5%、1%的水平上显著。

(4) Logit - MLE 的结果为边际概率。

由表4-6可知，模型总体运行良好。从核心解释变量农场土地经营规模的系数来看，LPM模型的工具变量方法估计的结果明显大于OLS的估计结果。

从 LPM－OLS 和 LPM－IV 的内生性检验结果①看，其显著拒绝了农场土地经营规模是外生的原假设。这表明，土地经营规模存在内生性，进一步采用工具变量法进行估计。因此，以下讨论基于工具变量法的结果。另外，LPM 模型预测概率在［0，1］之外的值仅有 15 个，占比仅为 1.87%。因此，LPM 模型的估计结果可以作为主要分析依据。

估计结果表明，土地经营规模对于农场加入合作社具有显著的正向影响(见表 4－6 第 2 列)，说明相比于土地经营规模小的农场，土地经营规模较大的农场加入合作社的概率较高。因此，这也间接说明，土地经营规模较大的农场专注于生产的专业化程度更高，这也和姚寿福（2012）以及罗明忠、刘恺(2015）的研究结果一致。因此，实证结果证实了假说。从 LPM－IV 模型（见表 4－6 第 2 列)② 的系数大小来看，如果一个农场以样本农场的平均经营规模 390 亩为起点来分析的话，在其他变量以及外部合作社数量供给等不变的情况下，若该农场的土地经营规模提高 100 亩（变为 490 亩)，该农场加入合作社的概率将提高 2.90%。或者更直观地看，在其他条件不变的情况下，土地经营规模 500 亩的农场加入合作社的概率相比于土地经营规模 100 亩的农场加入合作社的概率平均提高 10%左右。

除核心解释变量之外，其他解释变量也对家庭农场加入合作社产生了影响。在其他条件不变的情况下，相比于男性农场主经营的农场，女性农场主经营的农场加入合作社的概率提高了 14%左右，或许是女性比男性在农业经营中更容易风险规避（Croson & Gneezy，2009)，更需要与合作社等经营主体寻求合作用以规避风险；在其他条件不变的情况下，农场主接受过培训的农场比农场主未接受过培训的农场参加合作社的概率高 13.70%。或许说明，农业生产经营方面的培训对于家庭农场生产主体如何更好地提高自身专注于生产的专业化程度，这也与杜志雄等（2019）的研究结果一致。

---

① 由于线性概率模型存在异方差，并且 Hausman 检验在模型存在异方差的情况下不适用，因此本书采用杜宾—吴—豪斯曼检验（DWH)。

② LPM 模型虽然存在一些缺点，但它对于解释变量取值在样本均值处特别奏效（Wooldridge，2009)。

四、进一步探讨

作为补充，应进一步以已加入合作社的农场从合作社获得的服务类别作为家庭农场专注于生产的专业化水平的衡量指标，从而进一步佐证上述的研究结论。上述的研究结果已经发现，相对于土地经营规模较小的农场，土地经营规模较大的农场加入合作社的概率更高，从而间接说明，此类农场专注于生产的专业化水平更高。在已加入合作社的农场中，如果农场从合作社获得的服务类别越多，家庭农场作为以农业收入为主的生产主体，可以认为，农场把涉及农业非生产的相关环节进行外包的类别越多，从而其专注于农业生产环节的程度更强。在这里，家庭农场从合作社获得的服务包括农资购买、农产品销售、产品质量和品质的提高、技术服务、农机作业服务、经营管理水平的提高、获得分红等。从已加入合作社的农场组成的分析样本中发现，家庭农场从合作社获得的服务类别的中位数是3种，平均值为3.29种[①]。在这把家庭农场从合作社获得的服务类别分成少、一般、多和很多四类。“少”指的是家庭农场从合作社获得1种及以下的服务，“一般”指的是家庭农场从合作社获得2种和3种服务，“多”指的是家庭农场从合作社获得4种和5种服务，“很多”指的是家庭农场从合作社获得6种和7种服务。

把家庭农场从合作社获得服务类别的少、一般、多和很多四类分别定义为1、2、3、4。由于作为被解释变量的家庭农场从合作社获得的服务类别是排序数据，因此，在此采用有序Probit模型（ordered Probit model）。因为有序Probit模型报告的参数含义并不能够较好反映解释变量对被解释变量的影响（连玉君等，2015），进一步计算得出土地经营规模对家庭农场从合作社获得服务类别的边际效应。表4－7报告了在所有解释变量处于均值时，土地经营规模的单位变化如何影响家庭农场从合作社获得的服务种类取各个值的概率。

---

① 在分析样本中，仅有2个农场在问卷中选择合作社提供的服务种类时，超出了问卷中给出的答案，仅选择了其他，在此也把其他归入1种服务中。

表 4-7 土地经营规模对加入合作社的农场从合作社获得服务类别的影响的估计结果

	从合作社获得服务类别			
	有序 Probit 模型	有序 Probit 模型	有序 Probit 模型	有序 Probit 模型
	少	一般	多	很多
农场土地经营规模（亩）	-0.006*** (0.002)	-0.005*** (0.002)	0.004*** (0.002)	0.006*** (0.002)
是否是示范农场	-0.086** (0.034)	-0.063*** (0.024)	0.062*** (0.024)	0.087*** (0.033)
经营土地意愿	-0.037 (0.035)	-0.027 (0.026)	0.027 (0.025)	0.038 (0.036)
种植作物种类数	0.017 (0.011)	0.012 (0.009)	-0.012 (0.008)	-0.017 (0.012)
拥有农机总价值（对数）	-0.006 (0.007)	-0.004 (0.005)	0.004 (0.005)	0.006 (0.007)
性别	0.105** (0.050)	0.077** (0.037)	-0.075** (0.035)	-0.107** (0.050)
年龄	0.000 (0.002)	0.013 (0.001)	-0.000 (0.001)	-0.000 (0.002)
受教育程度	-0.044** (0.022)	-0.032** (0.015)	0.031** (0.016)	0.045** (0.021)
主要从业经历	-0.073** (0.035)	-0.054** (0.026)	0.052** (0.025)	0.074** (0.036)
是否接受过培训	-0.086* (0.046)	-0.063* (0.037)	0.062* (0.035)	0.087* (0.048)
是否为外村户籍	0.017 (0.046)	0.013 (0.034)	-0.012 (0.033)	-0.017 (0.047)
地区	已控制	已控制	已控制	已控制
观测值	231	231	231	231

注：***、**、*分别表示在10%、5%、1%的水平上显著。

从表4-7可知，当所有解释变量处于均值时，土地经营规模每增加100亩，家庭农场从合作社获得的服务类别为“少”的概率下降0.6%，为“一般”的概率下降0.5%，而为“多”的概率上升0.4%，为“很多”的概率增加0.6%。因此能够发现，随着土地经营规模的增加，家庭农场从合作社获得的服务类别下降的幅度逐渐减低，并且逐渐转为上升的幅度，且上升的幅度逐渐增加。这也说明，随着土地经营规模的增加，家庭农场倾向于从合作社获得的服务类别越多，而这些服务类别一般集中于农业的非生产环节，从而家庭农场作为生产主体能够有更多的时间和精力专注于生产环节。这也进一步佐证了上述“在其他条件不变的情况下，相比于土地经营规模较小的农场，土地经营规模较大的农场专业化程度较高”的研究假说和研究结论。

第六节　本章小结

农业专业化是农业现代化实现的有效途径，对于农业资源配置效率和农业经济效益的提高具有重要作用。随着新型农业生产经营主体的出现，不同新型农业生产经营主体发挥各自在产前、产中和产后不同领域的比较优势，因不同环节和不同层面的纵向分工形成的专业化是构建现代农业经营体系的关键。从国家对家庭农场负责生产的功能定位和家庭农场所表现的一系列生产特征中可以发现，家庭农场的比较优势体现在生产（产中）环节，它的专业化程度主要体现在农业活动围绕生产所形成的专业化。

本章首先着重从以下三个方面论述了家庭农场加入合作社是一种重要的专业化途径。一是家庭农场倾向于从合作社等在农业产前、产后环节中具有比较优势的组织中获得相关生产性服务；二是一般情况下，合作社是满足家庭农场获得产前、产后生产性服务的主要途径；三是家庭农场把产前、产后的环节外包给合作社，同时农场聚焦于生产，专注于生产的专业化程度提升。因此，以“家庭农场是否加入合作社”作为家庭农场专注于生产的专业化水平的代理变量具有合理性。其次，考虑到家庭农场具有不同的土地经营规模，从成本收益的角度论证了，相对于土地经营规模较小的农场，土地经营规模较大的农场加入合作社的概率更高的研究假说。最后，问题就可以归结到，如果能够证明土地经营规模较大的农场加入合作社的概率更高，也就可以间接得出，此类农场专业化水平更高的研究结论。

依据以上分析，本章基于全国粮食类家庭农场监测数据组成的829个分析样本，以家庭农场是否加入合作社作为家庭农场专注于生产的专业化水平的代理变量，通过控制家庭农场、家庭农场主等相关特征变量后，运用工具变量方法估计线性概率模型，得出农场的土地经营规模每增加100亩，农场加入合作社的概率提高2.90%，实证结论验证了研究假说。在此结论的基础上，又进一步以已加入合作社的农场从合作社获得的服务类别作为被解释变量，用有序Probit模型进行进一步探讨，得出随着农场土地经营规模的增加，农场从合作社获得的服务类别逐渐增多，从而又进一步佐证了上述的研究假说和研究结论。即相对于土地经营规模较小的家庭农场，土地经营规模较大的家庭农场的专业化程度更高。

以上的研究结果为政府提高诸如家庭农场等规模化生产主体的专业化水平提供了微观基础。依据研究结果，政府应当有效促进土地流转，引导土地流向家庭农场等规模化生产主体，以及发展和规范诸如合作社一类的提供产前、产后等生产性服务的农业经营主体，从而能够更好地满足诸如家庭农场等规模化生产主体获得产前、产后生产性服务的外包需求，进而促进生产主体的专业化水平。

第五章　土地经营规模对家庭农场机械化生产的影响研究

第一节　引　　言

农业机械化的发展是农业生产方式转变的重要基础，是农业现代化实现和乡村振兴战略落实的重要物质技术基础，同时也是农村生产力提升和农业发展的有效载体（胡新艳等，2016），对于农民总收入和粮食产能的提高也具有重要作用（刘凤芹，2006；周振、孔祥智，2019）。中国农业机械总动力从1978年的11749.9万千瓦增长到2018年的100371.7万千瓦，年均增长率5.65%①，中国农作物耕种收的综合机械化率从2008年的45.8%提高到2016年的65.2%，年均增速接近5%②。2019年年初，农作物耕种收的综合机械化率已超过67%，其中，主要粮食作物的耕种收的综合机械化率已超过80%③。在一些农业机械化生产的薄弱环节，玉米的机收水平也从2008年的10.6%提高到2016年的61.7%④。

农业机械化的问题引起了很多学者的关注。土地特征、城镇化、剩余劳动力、农业收入、当地资源禀赋等都被认为是农业机械化的影响因素。杨印生等（2006）、林万龙和孙翠清（2007）分析了土地经营规模对家庭农场机械化的影响；土地细碎化也被认为是甘蔗种植机械化的影响因素（王水连、辛贤，2017）；方师乐等（2018）认为农村剩余劳动力制约了机械化的发展，随着新

① 数据来源：《中国统计年鉴2019》。

② 中国产业信息网：《2018年我国农业机械化行业概况及其发展趋势分析》，http://www.chyxx.com/industry/201806/651866.html，2018年6月22日。

③ 新华网：《全国农作物耕种收综合机械化率超过67%》，http://www.xinhuanet.com/politics/2019-01/19/c_1124014273.htm，2019年1月19日。

④ 同②。

型农业经营主体土地规模的增加，农机的俱乐部产品属性会减弱，私人产品的属性增强。农民收入水平也是影响农业机械化普及的积极因素（李卫等，2014；刘玉梅、田志宏，2009；林万龙、孙翠清，2007），但是这种投资能力也因地区而异（张宗毅等，2009）。

较多学者对土地经营规模对农业机械化水平的影响进行了研究，但是并没有指明土地经营规模对农业机械化生产水平的具体影响方向。胡新艳等（2016）指出土地规模化是推进农业机械化的前提条件，杨印生等（2006）、林万龙和孙翠清（2007）同样认为，随着土地经营规模的增加，农机的规模效应越能够有效发挥，从而越适宜于机械化；但是，刘凤芹（2006）以东北农村为例，指出土地经营规模并不是农业机械化提高的决定因素，决定因素来自于机械与劳动力的相对价格变化；曹阳和胡继亮（2010）把农户购买农机服务的支出作为农户机械化水平的代理变量，认为土地规模并不是农业机械化的必要条件和充分条件，在小规模的情况下依然可以实现机械化（侯方安，2008）。

家庭农场作为具有职业属性的微观农业经济组织（杜志雄、肖卫东，2014），其生产行为显著异于普通小农户（张瑞娟、高鸣，2018）。那么，家庭农场作为规模化主体，在土地经营规模化和农业机械化水平持续推进的过程中，家庭农场的机械化水平如何？土地经营规模是影响农场机械化水平的关键因素吗？这些问题亟待解答。本章尝试基于2014年全国粮食类家庭农场微观监测数据组成的分析样本，探究和回答土地经营规模对家庭农场机械化水平的影响效应。因此，本章接下来的安排如下：第二节，对土地经营规模与家庭农场机械化水平之间影响的内在机理进行理论分析，并提供本章的研究假说；第三节，对包含土地经营规模在内的家庭农场特征以及家庭农场主特征与家庭农场机械化水平的相关关系进行统计性描述分析；第四节，利用多元线性回归模型的工具变量方法等计量方法就土地经营规模对家庭农场机械化水平影响的因果关系进行实证检验，用以佐证研究假说；第五节，对本章进行总结。

第二节　研究假说

从原有的研究中能够发现，农业生产主体的机械化水平是受到多种影响因素影响的结果，家庭农场的机械化水平也是农场主结合现有条件做出的理性选择。那么，土地规模化作为中国农业未来的发展趋势，并且土地规模作为家庭农场区别于小农户的基本特征，粮食类家庭农场的机械化水平是否会随其土地经营规模的变化而变化，以及变化的方向如何等一系列的问题值得深入探讨。因此，本节将从农机的可达性和作业的便利性、应用农机的意愿、应用农机的成本以及实现机械化的能力四个方面的视角来分析粮食类家庭农场土地经营规模与粮食类种植作物的机械化水平之间的逻辑关系（见图 5 - 1）。

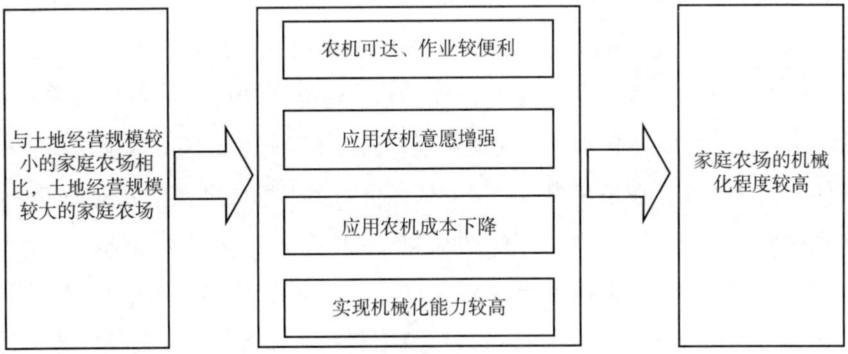

图 5 - 1　土地经营规模对家庭农场机械化生产的理论分析框架

第一，家庭农场土地经营规模的扩大为农机能够进入田间以及农机在田间作业的便利性提供了条件。农机能够在田间或者不同地块之间顺利通行是农机在田间作业的前提，如果土地经营规模较小，农场没必要修建机耕道，农机不容易或无法进入田间进行操作。并且，由于农业机械的不可分性，1—3 公顷的土地规模是农业机械化实现的门槛，土地规模的扩大能够为大中型农机的使用提供可操作的空间（陈云飞等，2020），并且减少机械的空转损耗程度，进而提高农机作业效率（高延雷等，2020）。比如，在湖南衡阳县，土地规模 300 亩是最适合发挥农机效率的亩数，这个亩数仅需要一台大型拖拉机、一台插秧机和一台收割机①。

第二，相比于土地经营规模较小的农场，土地经营规模较大的农场应用

① 土流网：《土地流转规模多大比较合适?》，https：//www. tuliu. com/read - 9245. html，2015 年 4 月 3 日。

农机的意愿更强，主要源于农业劳动力成本的上升、农业生产的季节性特征以及农业生产成本的节约。农业的机械化实质上是机械在农业的各个环节对人畜力进行替代（曹阳、胡继亮，2010），在农业劳动力雇工工价逐年升高的背景下，如果一些农作环节中劳动力需求弹性较高，规模化经营主体以机械替代劳动是改善要素投入的合理选择（侯方安，2008；罗必良、仇童伟，2018）。尤其是，随着土地经营规模的扩大，农场所需雇佣劳动力的数量越多，农场与雇工之间的信息不对称以及农场搜寻、考核和监督雇工等产生的交易成本会增加；并且，由于农业生产季节性特征，农作物的种植到收获有其自身规律，在农业劳动力市场不完善的情况下，农场更容易面临无法及时雇佣到“数量”和“质量”较为适宜的农业劳动力的困境，即使能够雇到，农场可能还需要面对雇工工作时间的不确定性、雇佣关系存续中可能发生的劳动纠纷、劳动意外等状况，进而延误农作物的最佳种植收成时间，并且容易造成粮食减产等问题的发生。而机械的劳动生产率远高于劳动力的劳动生产率，规模大的农场应用农机更不容易错过最佳种植收成时间；另外，据粗略估计，每亩应用机械投入的成本比人工投入的成本节约 180 元，每亩可降低生产成本 210 元（刘新逢、高英武，2010）。这些问题和现象的存在都会促使土地规模较大的农场有更强的意愿提高其农作物的机械化水平。

第三，相比于土地经营规模较小的农场，土地经营规模较大的农场应用农机的生产成本相对偏低。现有阶段下，家庭农场提高机械化水平的路径主要包括两种：农场购买农业机械和农场购买农机社会化服务组织提供的机械服务，而无论农场选择哪种方式提高农业机械化水平，土地经营规模较大的农场都更有优势。一方面，农机作为一项固定性资产支出，土地经营规模较大的农场购买农机后，农机作业服务所带来的亩均成本（平均每年折算的农机购置费 + 农机固定损耗费 + 油费）更低；另一方面，土地经营规模较大的农场从外部购买农机社会化服务组织提供的机械服务时，所花费的单位亩均成本偏低。土地经营规模较大的农场，从外部农机社会化服务组织购买的农机服务的需求数量相对较多，在重复博弈过程中，农机社会化服务提供者为了长期保持与农场的联系，在农作环节中可能会优先服务于此类农场并收取偏低的亩均服务价格；另外，此类农场往往适合农机进行大面积作业，避免了机械的空转损耗，所获得的亩均服务价格相对也会偏低，比如，在甘肃天水，两位农机手告诉记者，用联合收割机收小麦平均100元每亩，如果土地面积大的话，价格还可以商量①。

第四，相比于土地经营规模较小的农场，土地经营规模较大的农场具有相对偏高的收入水平，从而其对于农机的购买和农机服务购买的支付能力变得更强（侯方安，2008）。相比于土地经营规模较小的农场，土地经营规模较大的农场收入水平一般较高（曹瑞芬、张安录，2015），并且相对容易获得正规机构的金融贷款（蔡海龙、关佳晨，2018）。比如，相对于劳动力投入，农业机械投入可以认为是一种资本投入。如果家庭农场通过购买农机的途径来提高农作的机械化水平，那么，农机设备作为一类不可分的固定性资产，初期阶段，农场需要支付较高的资金对其进行购买；使用阶段，农场仍需要支付维修费、折旧费等成本，如果其不能够有效对外提供农机社会化服务，还需要承担机械空置时产生的机会成本。

因此，基于上述分析，本章提出如下研究假说：在其他因素不变的情况下，相对于土地经营规模较小的农场，土地经营规模较大的农场农业机械化水平更高。

第三节　统计描述性分析

一、土地经营规模与家庭农场机械化生产

参考农业农村部衡量机械化水平的方法，选用农场的耕种收的综合机械化率作为农场机械化水平的代理变量，这个指标相对能够比较真实地衡量农业的机械化水平，其中机耕（机耕面积/作物播种面积）、机播（机播面积/作物播种面积）和机收（机收面积/作物播种面积）的权重分别为0.4、0.3、0.3②，

① 人民网：《小麦种植面积减少大小收割机器派上用场 天水麦客背影已远去》，http：//gs. people. com. cn/n/2014/0810/c183283－21937692. html，2014年8月10日。

② 中国机械工业年鉴编辑委员会：《中国农业机械工业年鉴》，机械工业出版社2011年版。

并且也已有文献采用此方法进行衡量（彭继权、吴海涛，2019）。一般有3种方法衡量农业的机械化水平，包括农作物耕种收的综合机械化率、农机的总动力以及农机的净价值（彭继权、吴海涛，2019）。较多学者利用农业机械总动力衡量农业的机械化水平（周振等，2016；高延雷等，2020），但是，一方面，随着农业机械的发展，动力较低的农机不一定工作效能也低；另一方面，随着农机社会化服务组织的出现，农机跨区作业成为可能，拥有农业机械总动力较低的生产主体，并不意味着该生产主体的农业机械化水平低，两者之间并不存在严格的正向关系。其他衡量指标方面，陈云飞等（2020）利用1034个种植农户的数据，认为农户不使用农机的机械化水平为0，种植或收获环节使用农机的机械化水平为50%，种植或收获环节都使用农机的机械化水平为100%，而这种机械化水平的衡量方法相对粗糙。

这里把土地经营规模分成6组进行描述性统计分析（见表5-1），分别为75亩以下、75—110亩、110—240亩、240—380亩、380—850亩及850亩以上①。能够看出：

（1）在粮食类家庭农场分析样本中，三大粮食作物的综合机械化率接近87%，其中，机耕水平超过90%，机播水平达到83%左右，机收水平达到86%左右，比2014年中国三大粮食作物的综合机械化率的75%高12%左右②。

（2）无论从三大粮食作物的综合机械化率、机耕水平、机播水平以及机收水平判断，四者都显示土地经营规模较大的农场，家庭农场的机械化水平较高。土地经营规模75亩以下的农场综合机械化率为68.72%，机收水平为84.80%，机播水平为54.80%，机收水平为61.20%；当土地经营规模增加到75—110亩时，农场的综合机械化率提高到80.45%，机耕机播机收水平分别提高到85.48%、79.11%和75.07%；当土地经营规模进一步增加到110—240亩和240—380亩时，农场的综合机械化率分别增加到85.60%和89.31%，机

---

① 在统计数据中，由于有24个农场在机耕、机播、机收任一环节的机械化水平数据存在缺失，进而导致综合机械化率存在缺失值，因此本章分析时剔除了这24个样本，最终形成的分析样本为805个。

② 中国网：《中国农作物耕种收综合机械化水平今年将超过61%》，http://news.china.com.cn/live/2014-11/04/content_29657787.htm，2014年11月4日。

耕机播机收水平分别提高到90.34%、82.25%、82.61%和91.84%、84.23%、91.02%；随着土地经营规模增加到380—850亩和850亩以上时，农场的综合机械化率升高到90.14%和93.32%，机耕机播机收水平分别提高到93.43%、86.72%、89.17%和95.90%、85.11%、98.09%。

（3）从土地经营规模增加所引起的农场不同农作环节的机械化水平提升的方面看，农场的机播机收水平增长较快，机耕水平增长缓慢。相对于土地经营规模75亩以下的农场，土地经营规模850亩以上的农场综合机械化率提高了36%左右，其中，机播机收水平分别提高了55.31%和60.28%，而机耕水平仅提高了13.09%。土地经营规模增加之所以没有引起机耕水平较大幅度的变化，一方面是机械用于耕地的普及时间比机械用于播种和收获的时间要早，机耕所涉及的相关技术相对比较成熟，从而用机械耕作在小规模的农场中已经较为普遍；另一方面或许是，耕地所需的劳动强度较高，人畜力不能够较好地对土壤进行深翻（Pingali & Binswanger，1987）。

因此，如果仅从土地经营规模与家庭农场机械化水平的描述性统计结果来看，上述假说在某种程度上是成立的。

表5-1　　按照土地经营规模分组的家庭农场数量及其机械化水平

土地经营规模（亩）	样本数（个）	综合机械化率（%）	机耕水平（%）	机播水平（%）	机收水平（%）
<75	25	68.72	84.80	54.80	61.20
[75，110)	81	80.45	85.48	79.11	75.07
[110，240)	294	85.60	90.34	82.25	82.61
[240，380)	162	89.31	91.84	84.23	91.02
[380，850)	162	90.14	93.43	86.72	89.17
≥850	81	93.32	95.90	85.11	98.09
总计	805	86.99	91.16	82.67	85.76

注：对土地规模进行如此分组，主要基于以下原因：（1）根据全国户均经营规模7.56亩（2012年）和《关于引导农村土地经营权有序流转发展农业适度规模经营的意见》中提出的“现阶段，对土地经营规模相当于当地户均承包地面积10—15倍”，得出粮食生产的适度规模为75—110亩。因此选择75亩和110亩为分割点进行划分。（2）240亩（16公顷）基本处于中位数的位置，而中位数不受分析样本中最大值和最小值的影响，能够较好地反映整个分析样本中数据的集中趋势，因此选择240亩作为分割点进行划分。（3）380亩（25.33公顷）、850亩（56.67公顷）为分割点的原因主要是两者基本位于分析样本70%和90%分位点的位置，保证了240—380亩、380—850亩每部分均等的样本量，并且考虑到处于分析样本尾部10%位置的规模较大的农场。

二、家庭农场特征与家庭农场机械化生产

除土地经营规模之外，能够发现，不同的农场特征也与家庭农场的机械化水平存在一定的关系（见表5-2）。

表5-2　　按照家庭农场特征分组的农场的机械化水平

家庭农场特征	综合机械化率（%）	机耕水平（%）	机播水平（%）	机收水平（%）
种植作物种类				
小麦	92.33	94.31	92.56	89.46
玉米	86.15	90.09	85.79	81.26
水稻	85.40	90.95	73.78	89.61
土地地块数（块）				
≤3	90.71	93.84	87.38	89.89
(3，10]	89.93	92.94	87.19	88.67
>10	81.41	87.58	74.71	79.87
平地占土地总面积的比（%）				
≤0.5	79.34	84.13	77.52	74.78
(0.5，1]	88.77	92.89	83.92	88.12
农机总价值（万元）				
≤5	78.00	84.42	69.91	77.52
(5，20]	88.20	92.43	86.76	84.01
>20	93.11	95.31	88.38	94.90

在种植作物种类方面，小麦的综合机械化率明显高于玉米和水稻的机械化水平，水稻播种环节的机械化水平明显低于小麦和玉米，而玉米的机收水平低于小麦和水稻，这也与全国范围内小麦、水稻和玉米不同环节的机械化水平保持了一致[①]。小麦的综合机械化率超过90%，分别高于玉米和水稻综合机械化率5%和7%左右，水稻的播种/插秧的机械化率不足75%，但超过全国水稻机播/插秧机械化率38%的1倍[②]，而玉米的机收水平也刚超过80%，但超过全

① 农民日报：《我国农作物综合机械化水平突破60%》，https：//news.cnhnb.com/zxsd/detail/10293/，2015年1月28日。

② 同上。

国玉米机收水平56%的25%[①]。这与小麦作为旱作粮食作物，相关机械技术较为成熟，而用于水稻的机插秧技术和用于玉米的机收技术的发展相对滞后有关。

研究也发现，土地地块数较少的农场比土地地块数较多的农场机械化水平更高。相比于拥有地块数3块及以下的农场，拥有地块数10块以上的农场的综合机械化率高10%左右，机耕机播和机收环节的机械化水平分别高6%、7%和10%左右；平地占土地总面积的比较高的农场比平地占土地总面积的比较低的农场机械化水平更高，这可能与现有研发机械更适宜于平地耕作有关；拥有农机具价值较高的农场比拥有农机具价值较低的农场的机械化水平更高。拥有农机具价值20万元以上的农场比拥有农机具价值5万及以下的农场的综合机械化率高15%左右。农场拥有农机具的价值越高，在某种程度上可以代表农场拥有农机种类或数量较多的适宜于机械化种植的农机，而农场购买的这些农机为农场的机械化水平的提高提供了便利性。

三、家庭农场主特征与家庭农场机械化生产

除家庭农场特征之外，同时，也发现家庭农场主不同的禀赋特征也对家庭农场的机械化水平产生了影响。表5-3描述了农场主不同的受教育程度和是否接受过农机驾驶技术培训与农场机械化水平影响的相关关系。

表5-3　按照家庭农场主特征分组的农场的机械化水平

家庭农场主特征	综合机械化率（%）	机耕水平（%）	机播水平（%）	机收水平（%）
受教育程度				
小学及以下	85.12	89.35	79.55	85.05
初中	86.50	90.33	83.11	84.78
高中/中专/职高	87.42	92.31	81.63	86.69
大专及以上	90.13	93.56	86.20	89.48

① 农业部农业机械化管理司：《全国玉米机收面积与机收水平实现“双增长”》，http：//www.nongjitong.com/news/2014/359072.html，2014年12月11日。

续表

家庭农场主特征	综合机械化率（%）	机耕水平（%）	机播水平（%）	机收水平（%）
是否接受农机驾驶技术培训				
是	88.36	92.20	84.35	87.23
否	86.22	90.57	81.71	84.92

从表5－3能够发现，受教育程度较高的农场主经营的农场相比于受教育程度较低的农场主经营的农场的机械化水平更高。比如，大专及以上的农场主经营的农场的综合机械化率超过90%，比小学及以下的农场主经营的农场的综合机械化率高5%左右，其中，播种环节的机播水平高7%左右。或许说明，教育水平较高的农场更容易接受新鲜事物，更倾向于应用先进的农机技术。接受农机驾驶技术培训的农场主经营的农场比未接受农机驾驶技术培训的农场主经营的农场的综合机械化率高2%左右，并且在耕、播、收三个环节的机械化水平均高。或许说明农机培训为农场主提供了农机操作的使用方法和操作规范，而掌握和熟悉相关农机技能的农场主更懂得如何应用农机及其优势，从而促使其更倾向于应用农机。

四、外部市场环境特征与家庭农场机械化生产

家庭农场机械化水平的发展不仅会受到农场特征和农场主自身禀赋的影响，还可能会受到农机社会化服务市场等外部市场环境的约束，因此有必要把外部市场环境因素也纳入家庭农场机械化影响因素的分析框架中。参考刘凤芹（2006），侯方安（2008），彭继权、吴海涛（2019）的做法，选取是否能够在当地购买到农机服务、各县平均雇工工资、各省份拥有农机总动力作为外部市场环境特征的代理变量（见表5－4）。

表5－4　按照外部市场环境特征分组的农场的机械化水平

外部市场环境特征	综合机械化率（%）	机耕水平（%）	机播水平（%）	机收水平（%）
是否在当地能够购买到农机服务				
是	88.45	92.40	84.06	87.59
否	73.10	79.44	69.86	67.89

续表

外部市场环境特征	综合机械化率（%）	机耕水平（%）	机播水平（%）	机收水平（%）
各县平均雇工工资（元/天/人）[a]				
≤100	85.09	91.43	78.10	83.62
>100	88.14	91.00	85.42	87.05
各省份拥有农机总动力（万千瓦）[b]				
≤4500	82.00	87.94	76.86	79.21
>4500	92.05	94.42	88.55	92.39

注：a. 在有雇工的样本农场中，样本农场的雇工工资为男性雇工工资和女性雇工工资的平均；各县平均雇工工资的计算为：样本农场的雇工工资之和/有雇工的样本农场数量。b. 各省份拥有农机总动力的数据来源于《中国统计年鉴2015》。

可以发现，相比于不能够在当地购买到农机服务的农场，能够在当地购买到农机服务的农场的综合机械化率高15%左右，这说明农机社会化服务的供给是农场提高其机械化水平的手段之一；相比于农场所处县的雇工工资较低的农场，农场所处县的雇工工资较高的农场的机械化水平更高。比如，农场所处县的雇工工资大于100元每天的农场比农场所处县的雇工工资小于（或等于）100元每天的农场高3%左右，这或许说明，机械作为劳动力生产要素的替代要素，依据诱致性技术变迁理论，劳动力生产要素的价格与机械生产要素的相对价格变高，机械越倾向于替代劳动力，这也和刘凤芹（2006）的结果一致；农场所处省份的农机总动力较高的农场比农场所处省份的农机总动力较低的农场机械化水平更高，两者的综合机械化率相差10%左右，在收获环节的机收水平相差达到13%。

综上所述，家庭农场的特征、家庭农场主的不同禀赋特征及外部市场环境特征都会对家庭农场的机械化水平产生影响。因此，为了得到土地经营规模与家庭农场机械化水平两者之间更直接的因果关系，必须进行多元统计分析。

第四节　计量分析

一、模型设定和变量描述

在土地经营规模化的过程中，设定如下经济计量模型估计和检验不同家庭农场和农场主和外部市场环境特征下土地经营规模对农场机械化水平的影响。以下为设定的经济计量模型：

$$mech_i = \alpha_0 + \alpha Scale_i + \sum_{k=1}^{k=5} \beta_k Ff_{ki} + \sum_{m=1}^{m=6} \lambda_m Mff_{mi} + \sum_{n=1}^{n=3} \gamma_n Ef_{ni} + \xi_i$$

上式为土地经营规模对家庭农场机械化水平影响的经济计量模型。被解释变量 *mech* 表示家庭农场的机械化水平，包括家庭农场的综合机械化率、家庭农场的机耕机播和机收水平；*Scale* 是核心解释变量，表示家庭农场经营的土地总规模。*Ff* 表示家庭农场的特征，包括地块数、平地占农场土地总规模的比例、农场拥有的农机总价值、流转土地是否来自一个村、农场是否为示范农场；*Mff* 表示家庭农场主的特征，包括性别、年龄、教育水平、从业经历、是否接受过农机驾驶技术操作培训以及户籍；*Ef* 表示外部市场环境，包括是否能够在当地购买到机械化服务、各省份拥有农机总动力和各县平均雇工工资。α、β、λ、γ 表示模型中的待估计参数。其中，α 为重点关注的参数，预计 $\alpha>0$，表明土地经营规模对于家庭农场的机械化水平具有正向影响，即土地经营规模越大，家庭农场的机械化水平越高。表 5－5 展示了相关变量的描述性统计结果。

表 5－5　　回归分析所用变量的描述性统计结果

变量	含义及单位	均值	标准差	最小值	最大值
被解释变量					
家庭农场综合机械化率	%	86.99	22.17	0	100
家庭农场机耕水平	%	91.16	21.97	0	100
家庭农场机播水平	%	82.67	33.47	0	100
家庭农场机收水平	%	85.76	29.98	0	100
核心解释变量					
土地经营规模	亩	395.92	493.08	30	5050
家庭农场特征					
地块数	块	29.37	72.33	1	800
平地占农场土地总面积的比重	—	0.82	0.33	0	1
拥有农机总价值	万元	24.28	36.84	0	300
流转土地是否来自一个村	是＝1；否＝0	0.77	0.42	0	1
是否是示范农场	是＝1；否＝0	0.22	0.42	0	1

续表

变量	含义及单位	均值	标准差	最小值	最大值
家庭农场主特征					
性别	男 =1；女 =0	0.92	0.23	0	1
年龄	周岁	45.07	8.38	17	73
教育水平	不识字或小学 =1；初中 =2；高中/中专/职高 =3；大专及以上 =4	2.42	0.70	1	4
主要从业经历	普通农民 =1；非普通农民 =0	0.74	0.44	0	1
是否接受农机驾驶技术培训	是 =1；否 =0	0.36	0.48	0	1
是否为外村户籍	是 =1；否 =0	0.15	0.36	0	1
外部市场环境					
能否在当地购买到机械化服务	是 =1；否 =0	0.93	0.26	0	1
各省份农业机械总动力	万千瓦	5023.61	3233.52	440.90	13101.40
各县平均雇工工资	元/天/人	109.49	25.57	49.42	162.50

二、内生性问题

本章的关键解释变量为土地经营规模，存在内生性问题，此问题会使计量估计结果不一致。一方面，较大的土地经营规模会促使家庭农场提高机械化水平，而家庭农场机械化水平的提高可能也会促使家庭农场土地经营规模的增加，两者之间存在双向因果关系。另一方面，虽然模型已控制了影响家庭农场机械化水平的重要变量，但仍存在遗漏重要解释变量的问题，如样本农场所处地区的劳动力市场不完全竞争性程度和农业机械化的政策供给状况等，进而影响模型估计的一致性。

采用工具变量方法来克服内生性问题，所选取的工具变量是“2004 年样本县人均耕地面积”。2004 年样本县人均耕地面积总体上会对家庭农场土地经营规模产生影响，而家庭农场的机械化水平难以对 2004 年样本县人均耕地面积产生直接影响，进而切断了两者之间的双向因果关系。工具变量的外生性方面，2004 年 6 月国家出台《农业机械化促进法》，自 2004 年 11 月 1 日起实施，之后，农业机械化水平才开始显著提高①，因此，可以认为，2004 年样本县人均耕地面积并不会直接影响当地农业机械化的政策供给状况等遗漏变量；相关性方面，2006 年国家开始规定 18 亿亩耕地红线，因此，2004 年的样本县人均耕地面积越大，当地的规模化经营越有可能形成，也越有可能对 2014 年的农场经营规模产生影响。所以，采用 2004 年的样本县人均耕地面积作为 2014 年的农场土地经营规模的工具变量在逻辑上具有合理性。后文将从统计上检验该工具变量的有效性。

三、估计方法和估计结果

利用最小二乘法（OLS）和工具变量（IV）方法对多元回归模型进行估计（见表 5 - 7），从模型的估计结果可以看出，模型总体运行良好。

关于工具变量的一系列检验结果表明（见表 5 - 6），2004 年样本县的人均耕地面积作为农场土地经营规模的工具变量是有效的。

（1）用工具变量方法估计多元回归模型的第一阶段结果表明，2004 年县人均耕地面积对农场土地经营规模具有显著的正向影响，该变量在 1% 的水平上显著。

（2）工具变量的不可识别检验显著拒绝了原假设，Kleibergen - Paap rk Wald F 为 21.197，Cragg - Donald Wald F 为 98.305，均大于 Stock - Yogo 检验 10% 水平临界值 16.380，均拒绝了工具变量弱识别的原假设，进一步证实了本研究所选用的工具变量为强工具变量。

从关键解释变量家庭农场土地经营规模的系数看（见表 5 - 7），用工具变量方法估计的多元回归模型的估计的结果明显大于 OLS 方法的估计结果。从 OLS 和 IV 的杜宾—吴—豪斯曼（DWH）内生性检验结果看，其显著拒绝了农场土地经营规模是外生的原假设。这表明，表 5 - 7 第 1 列中家庭农场土地经

① 中国惠农网：《中华人民共和国农业机械化促进法的公布实施》，https://news.cnhnb.com/rdzx/detail/210297/，2016 年 8 月 16 日。

营规模存在内生性，进一步采用工具变量法进行估计。因此，以下讨论基于工具变量法估计的结果。

表 5-6　　OLS 第一阶段结果（因变量为农场土地经营规模[a]）

2004 年县人均耕地面积（亩）	1.457***
	(0.316)
F 检验值	21.200***
不可识别检验	15.610***
弱工具变量检验	98.305***

注：(1) *** 表示在 10% 的水平上显著。

(2) 为了回归系数不至于太小，表 5-6 和表 5-7 中的农场土地经营规模用原土地经营规模除以 100 后得到的变量进行回归。相比于直接用农场土地经营规模进行回归，显著性的结果不会改变，而系数会增加 100。

表 5-7　　农场土地经营规模对机械化水平影响的估计结果

项目	农场综合机械化率		机耕水平	机播水平	机收水平
	Reg-OLS	Reg-IV	Reg-IV	Reg-IV	Reg-IV
土地经营规模	0.371***	2.409***	1.820***	3.332***	2.271***
	(0.129)	(0.699)	(0.587)	(0.999)	(0.843)
家庭农场特征					
地块数（对数）	-1.995***	-3.036***	-2.554***	-4.100***	-2.613***
	(0.578)	(0.728)	(0.773)	(1.227)	(0.928)
平地占农场土地总面积的比重	14.201***	12.886***	10.900***	9.686**	18.733***
	(2.995)	(3.338)	(3.492)	(4.587)	(3.973)
拥有农机总价值（对数）	1.248***	0.595	1.026**	0.258	0.356
	(0.311)	(0.388)	(0.495)	(0.554)	(0.440)
流转土地是否来自一个村	-1.844	0.219	0.419	5.165	-4.993**
	(1.597)	(2.030)	(1.938)	(3.278)	(2.360)
是否是示范农场	-2.553	-2.804	-0.304	-1.025	-7.918***
	(1.743)	(1.966)	(1.910)	(3.159)	(2.869)
家庭农场主特征					
性别	-4.193	-1.957	-3.303	-2.773	0.654
	(2.583)	(2.751)	(2.723)	(4.159)	(4.133)
年龄	0.066	-0.010	-0.092	-0.031	0.120
	(0.094)	(0.100)	(0.107)	(0.145)	(0.128)

续表

项目	农场综合机械化率		机耕水平	机播水平	机收水平
	Reg - OLS	Reg - IV	Reg - IV	Reg - IV	Reg - IV
教育程度	0.456	0.046	0.111	-0.513	0.518
	(0.997)	(1.238)	(1.136)	(1.878)	(1.514)
从业经历	-1.926	3.318	3.024	6.057*	0.971
	(1.763)	(2.307)	(2.212)	(3.616)	(2.931)
是否接受农机驾驶培训	0.764	-0.575	-0.702	0.032	-1.012
	(1.538)	(1.683)	(1.703)	(2.653)	(2.215)
户籍	-3.553	-3.888	-5.670**	-2.436	-2.964
	(2.420)	(2.812)	(2.723)	(4.361)	(3.571)
外部市场环境					
能否在当地购买到机械化服务	12.094***	12.815***	8.792**	16.618***	14.376***
	(3.862)	(4.052)	(4.323)	(5.646)	(5.076)
各省份农业机械总动力(对数)	5.018***	3.322**	1.203	5.243**	4.226**
	(1.463)	(1.584)	(1.897)	(2.482)	(1.804)
各县平均雇工工资	0.165***	0.136***	0.108***	0.064	0.245***
	(0.042)	(0.042)	(0.041)	(0.070)	(0.056)
种植作物为玉米[a]	-3.589	-4.185*	0.101	-7.161**	-6.922**
	(2.414)	(2.307)	(2.454)	(3.418)	(3.021)
种植作物为水稻[a]	-6.688***	-9.300***	-3.269	-21.674***	-4.966
	(2.369)	(2.430)	(2.392)	(3.868)	(3.072)
地区[b]	已控制	已控制	已控制	已控制	已控制
常数项	12.771	22.612	50.733**	16.020	-8.292
	(18.040)	(19.322)	(21.894)	(28.257)	(23.255)
观测值	754	710	710	710	710
F 值	8.04***	7.50***	4.45***	6.46***	6.23***
内生性检验	33.315***				

注：（1）a. 种植作物以小麦为基准组，玉米、水稻为虚拟变量。b. 以东北地区为基准组，东部、中部、西部地区为虚拟变量。

（2）括号内为异方差稳健标准误。

（3）***、**、* 分别表示在10%、5%、1%的水平上显著。

由表5-7的估计结果可知：

（1）土地经营规模对农场的机械化水平有显著的正向影响，即相对于土地经营规模小的农场，土地经营规模大的农场机械化水平较高，实证结果证实了假说，这也和高延雷等（2020）的研究结果一致。用工具变量方法估计的4个模型的系数表明，若农场的土地经营规模提高100亩，该农场的综合机械化率提高2.41%，机耕机播和机收水平分别提高1.82%、3.33%和2.27%，即在其他变量不变的情况下，土地经营规模500亩的农场相比于土地经营规模100亩的农场，其综合机械化率平均提高12%，机耕机播机收的水平分别平均提高9%、16%和11%左右。另外，4个模型中的其他控制变量，如农场地块数、农场能否购买到农机社会化服务等的估计结果的显著性均相同，这也从侧面证明了结果的稳健性。

（2）在机耕机播机收的不同环节中，土地经营规模对家庭农场机耕水平的提高作用有限，对农场机播机收水平的提高作用明显。可以发现，在其他条件不变的情况下，土地经营规模每增加100亩，农场机耕水平的提高幅度分别比农场机播和机收水平的提高幅度低1.51%和0.45%。这说明土地规模的增加对农场机耕水平的影响有限，对机播机收环节的影响更为明显。这也说明，随着土地规模化的发展，为了农业机械化水平的提高，农机研发部门应该侧重于机播和机收的相关技术的研发。

除关键解释变量外，其他解释变量也对家庭农场的机械化水平产生了影响。譬如在其他条件不变的情况下，地块数多的农场相对于地块数少的农场的综合机械化率较低，或许因为，农场土地地块数的增多，会增加农业机械作业的成本（杨慧莲等，2019），进而不利于农场机械化水平的提高；相比于那些平地占土地总规模的比例较少的农场，那些拥有平地占土地总规模的比例较多的农场的综合机械化率高12.89%，这可能跟平地更适宜于机械作业和现有机械还不能够很好地适用于丘陵和山区相关；相比于那些不能够在当地购买到机械化服务的农场，那些处于在当地能够购买到机械化服务的农场的综合机械化率高12.82%，机耕机播机收分别高8.79%、16.62%和14.38%，这也说明，农场所处地区有农机社会化服务的供给的话，农场更方便购买到农机服务，进而促进农场的机械化水平提高。

综上所述，家庭农场的土地经营规模对于农场机械化水平的提高具有显著正向影响，并且对农场机耕水平的提高作用有限，对农场机播机收水平的提高作用明显。前面的理论假说得到了验证。

四、进一步探讨

把连续的土地经营规模进行分组回归进行进一步探讨。从表5-8的回归结果，可以知道，土地经营规模较大的农场的机械化水平显著高于土地经营规模较小的农场，那么，家庭农场土地经营规模从连续变量变成分组变量后是否会同样显著影响家庭农场的机械化水平，需要进一步探讨。表5-8分别利用4个模型对表5-1中分组的农场土地经营规模进行回归[①]。

表5-8　　农场土地经营规模对机械化水平影响的估计结果

土地经营规模分组	综合机械化率	机耕水平	机播水平	机收水平
<75 亩	—	—	—	—
	—	—	—	—
75—110 亩	15.674***	3.175	30.994***	17.018*
	(5.929)	(5.666)	(9.055)	(9.182)
110—240 亩	19.834***	6.802	33.050***	23.993***
	(5.631)	(5.334)	(8.700)	(8.749)
240—380 亩	21.228***	7.794	30.309***	30.060***
	(5.840)	(5.647)	(8.995)	(8.910)
380—850 亩	22.353***	8.977	34.041***	28.500***
	(5.770)	(5.551)	(8.941)	(8.958)
>850 亩	26.363***	11.461*	34.265***	38.331***
	(5.986)	(5.887)	(9.430)	(8.987)
家庭农场特征				
地块数（对数）	-2.039***	-1.854***	-2.636***	-1.689*
	(0.572)	(0.627)	(1.015)	(0.883)
平地占农场土地总面积的比重	13.940***	10.742***	13.485***	18.659***
	(2.937)	(3.300)	(3.992)	(3.752)
拥有农机总价值（对数）	1.138***	1.462***	1.172***	0.674*
	(0.312)	(0.418)	(0.449)	(0.369)

① 做回归时，由于未发现多个IV对应多个内生变量的命令，因此此模型回归未克服规模内生性问题。但是，可以知道的是，如果克服内生性问题的话，此结果的显著性仍不会发生改变，系数有可能会增加，因为从表5-7的回归结果发现，未克服内生性的模型明显低估了土地经营规模对农场机械化水平的影响。

续表

土地经营规模分组	综合机械化率	机耕水平	机播水平	机收水平
流转土地是否来自一个村	-0.924	-0.176	2.275	-5.122**
	(1.661)	(1.745)	(2.737)	(2.077)
是否是示范农场	-3.165*	-0.656	-1.148	-8.527***
	(1.743)	(1.704)	(2.775)	(2.830)
家庭农场主特征				
性别	-4.569*	-4.027	-7.458*	-2.403
	(2.547)	(2.561)	(3.939)	(3.796)
年龄	0.050	-0.033	0.068	0.145
	(0.095)	(0.104)	(0.136)	(0.127)
教育程度	0.075	0.274	-0.181	0.067
	(1.018)	(0.991)	(1.580)	(1.412)
从业经历	-1.803	-0.474	-2.185	-3.191
	(1.691)	(1.708)	(2.744)	(2.194)
是否接受农机驾驶培训	0.153	-0.342	1.243	-0.277
	(1.506)	(1.622)	(2.358)	(2.073)
户籍	-4.045*	-5.905**	-1.539	-4.070
	(2.347)	(2.487)	(3.584)	(3.235)
外部市场环境				
能否在当地购买到机械化服务	11.656***	8.935**	12.851**	14.089***
	(3.686)	(4.058)	(5.215)	(4.885)
各省份农业机械总动力（对数）	5.446***	2.391	7.827***	7.140***
	(1.445)	(1.724)	(2.320)	(1.839)
各县平均雇工工资	0.166***	0.114***	0.150**	0.252***
	(0.042)	(0.042)	(0.066)	(0.061)
种植作物	已控制	已控制	已控制	已控制
地区	已控制	已控制	已控制	已控制
常数项	-7.984	37.729*	-28.895	-48.024*
	(18.699)	(21.925)	(27.407)	(24.895)
观测值	754	754	754	754
F值	7.79***	3.51***	7.02***	7.45***

注：(1) 括号内为异方差稳健标准误。

(2) ***、**、* 分别表示在10%、5%、1%的水平上显著。

表 5 - 8 中第 1 列关于农场综合机械化率的估计结果表明，与土地经营规模 75 亩以下的农场相比，土地经营规模达到 75 亩后的农场的综合机械化率显著提高，并且随着土地经营规模区间的增高，此影响效应逐渐增强。相对于 75 亩以下的农场，当土地经营规模分别达到 75—110 亩和 110—240 亩时，农场的综合机械化率显著提高了 15.67% 和 19.83%；当土地经营规模增加到 240—380 亩和 380—850 亩时，相对于 75 亩以下的农场的综合机械化率显著提高了 21.23% 和 22.35%；当土地经营规模处于 850 亩以上时，相对于 75 亩以下的农场的综合机械化率显著提高了 26.36%。另外，模型中的其他控制变量，如是土地地块数、平地占农场土地总面积的比例、是否能够在当地购买到农机服务等，均与表 5 - 7 中的估计结果显著性相同，这也从侧面证明了模型的稳健性。另外，由表 5 - 9 中能够发现，与土地经营规模处于 110—240 亩的农场相比，土地经营规模处于 240—850 亩的农场的综合机械化率并不存在显著性差异，仅当土地经营规模在 850 亩以上时，农场的综合机械化率才会显著提高。这或许表明，当家庭农场的土地经营规模达到适度规模后，农场的综合机械化率不会显著提高，除非当土地经营规模超过 850 亩时，农场的综合机械化率才会进一步呈现出显著的变化。

表 5 - 9　后三组土地经营规模分组的综合机械化率的回归系数与 110—240 亩的回归系数比较

系数		t 值	P 值
110—240（亩）	—	—	—
240—380（亩）	1.394	0.680	0.494
380—850（亩）	2.519	1.290	0.198
>850（亩）	6.529	3.040	0.002

不同生产环节中，土地经营规模区间对于这些环节的影响效应不同。农场机耕水平的估计结果表明（见表 5 - 8 中第 2 列），与土地经营规模 75 亩以下的农场相比，土地经营规模处于 75—850 亩时农场的机耕水平不存在显著差异，仅当土地经营规模超过 850 亩之后，农场耕地环节的机械化水平才会显著提高。这也和上述回归结果反映的现象基本一致。农场机播水平的估计结果表明（见表 5 - 8 中第 3 列），与土地经营规模 75 亩以下的农场相比，土地经营

规模达到75亩以上的农场的播种环节的机械化水平会显著提高；农场的机收水平的估计结果表明（见表5－8中第4列），与土地经营规模75亩以下的农场相比，土地经营规模达到75亩以的农场的收获环节的机械化水平同机播环节一样也会显著提高。这可能与农机的可操作性、农业生产成本的节约和农场主追求农业生产效率的提高等一系列的因素相关。那么，结合不同土地经营规模区间对农场综合机械化率和农场机耕机播机收的影响，并且考虑到土地经营规模不可能无限趋大的情况，未来为了促进农业综合机械化率水平的提高，应该侧重于机播机收环节的农机的研发、推广和应用。

第五节　本章小结

农业机械化的发展是农村生产力提升和农业现代化实现的重要支撑。家庭农场作为新型农业生产经营主体之一，在土地经营规模化推进过程中，家庭农场的机械化生产方式发生了哪些变化是值得关注的问题。土地作为农业其他生产要素投入的基本生产载体，理论逻辑上看，相对于土地经营规模较小的农场，土地经营规模较大的农场为农机能够进入田间以及农机在田间作业的便利性提供了作业条件。而且，此类农场由于农业劳动力成本的上升、农业生产的季节性特征以及农业生产成本的节约等应用农机的意愿更强。另外，土地经营规模较大的农场往往具有相对偏高的收入水平，使其对购买农机和购买农机服务的支付能力更强。因此，本章得出“在其他因素不变的情况下，相对于土地经营规模较小的农场，土地规模较大的农场机械化水平较高”的研究假说。

依据以上分析，基于全国粮食类家庭农场监测数据组成的分析样本，以农业综合机械化率作为农场机械化水平的代理变量，通过控制家庭农场、家庭农场主、外部市场环境等影响因素后进行了计量分析，实证结果证明了研究假说。研究结论如下：

（1）全国层面上，土地经营规模对农场机械化水平的提高具有显著正向影响。土地经营规模每增加100亩，农场的综合机械化率提高2.49%。

（2）在机耕机播和机收的不同环节中，土地经营规模对机播机收水平的正向影响效应更为明显，而土地经营规模对机耕水平的正向影响效应有限。土地经营规模每增加 100 亩，农场的机播机收水平分别提高 3.33% 和 2.27%，农场的机耕水平提高 1.82%。

（3）土地适度规模并不影响家庭农场的机械化水平。在不同的土地经营规模区间内，相对于土地经营规模 75 亩以下的农场，土地经营规模大于 75 亩的农场的综合机械化率显著提高，但与土地经营规模处于 110—240 亩的农场相比，土地经营规模处于 240—850 亩的农场的综合机械化率并不存在显著性差异，仅当土地经营规模大于 850 亩时，农场的综合机械化率才会显著提高。

以上结果表明，在土地经营规模化的过程中，虽然土地经营规模可以正向显著促进家庭农场机械化水平的提高，但是，土地的适度规模经营并不影响家庭农场的机械化水平。另外，土地经营规模对不同农作环节的机械化水平的影响不同。未来，为了促使家庭农场等规模化生产主体机械化水平的提高，政府除了有效促进土地流转外，还要着重关注用于播种和收获机械的研发、更新换代、推广和应用。

第六章　土地经营规模对家庭农场绿色化生产的影响研究

第一节　引　　言

绿色化发展是农业现代化推进的重要举措，是农业未来发展的内在要求（张红宇，2017；于法稳，2018）。土地作为农业绿色化生产的重要载体，土地质量受到化肥等化学投入品的严重威胁（葛继红等，2010；金书秦等，2015）。化肥的总施用量①从 2000 年的 4146.4 万吨增加到 2017 年的 5859.4 万吨（年均增长率 2.4%），施用强度②从 265 千克/公顷提高到 2017 年的 352 千克/公顷（年均增长率 1.9%），远超国际公认的 225 千克/公顷的施肥上限。但是，总量和强度的增加并未带来较高的化肥利用效率，据《2018 中国生态环境状况公报》报告，2017 年水稻、玉米和小麦三大粮食作物的化肥利用率不足 40%（37.80%）。

农业生产方式向绿色化的转变，最终有赖于农业生产经营主体的绿色生产行为（蔡颖萍、杜志雄，2016）。根据联合国环境署的界定，绿色生产行为是指既能够保障农业生产力水平，又可以减少环境污染、提高资源利用率的方式，主要涵盖覆盖作物耕种、免耕和有机肥施用等多种生产技术（UNEP，2011）。绿色生产技术的应用是农业可持续发展的基础支撑（杜志雄、金书秦，2016）和重要载体（郑旭媛等，2018），不仅能够减少农业污染，满足中国农业绿色发展、绿色兴农的需要，还能够在化肥、农药“两减”的背景下保障粮食安全（朱萌等，2015）。另外，绿色生产技术的应用也是农业生产方

① 数据来源于《中国统计年鉴 2018》。

② 化肥施用强度 = 总的化肥施用量/农作物总播种面积。

式注重技术应用的重要考虑因素。

选用测土配方施肥技术作为家庭农场绿色化生产的代理变量，主要是出于数据的可获得性①。虽然说测土配方施肥技术不能够完全代表家庭农场绿色化生产水平，但是，农业生产方式向绿色化的转变重在绿色生产技术的应用，而测土配方施肥技术作为一项绿色生产技术，家庭农场如果应用测土配方施肥技术也能在一定程度上说明家庭农场农业生产方式向绿色化的转变。测土配方施肥技术是农业绿色发展和生态文明建设过程中重点推广应用的一项化肥农药减施增效技术②，它的应用能够减少化肥施用量，提高农产品质量效益（葛继红等，2010；洪传春等，2015；王世尧等，2017）。测土配方施肥技术以土壤测试和田间肥料测试为基础，依据农作物类别和土壤状况，有针对性地解决土壤中营养元素不均衡的状况，进而能够有效避免氮磷钾等元素的过量投入。此项技术从2005年开始推行，至今已15年，但是，现实中全国农户测土配方施肥技术采用率不足1/3（冯晓龙、霍学喜，2016）。因此，测土配方施肥技术应用率过低的原因值得探讨和发现。

家庭农场作为当前阶段最符合中国未来农业发展需要和政策目标的新型农业生产经营主体（杜志雄，2019），在土地经营规模持续推进的大背景下，它应用测土配方施肥技术的现状如何？土地经营规模是影响此项技术应用的关键因素吗？这些问题亟待解答。现有文献中，大多数研究没有直接分析土地经营规模对测土配方施肥技术应用的影响，而是把规模作为控制变量（蔡颖萍、

---

① 研究土地经营规模对家庭农场绿色化生产时，绿色化生产特征的代理变量选用“一控两减三基本”的相关变量是最佳选择，在粮食类家庭农场中也最好选择化肥和农药的施用量。但是，由于研究问卷中涉及化肥农药的题目仅为“亩均化肥施用量比周边农户的施用量的多少”和“亩均农药施用量比周边农户的施用量的多少”，这两个题目所获得的答案具有明显的主观性，比如，问卷回答者在回答这个问题时，是与哪些周边农户进行比较？即使限定了周边农户的范围，得到的答案为“多”“少”“一样”也的确是真实客观的，但是，仍不能够回答本章的研究问题。

回归到本章的研究问题，土地经营规模对家庭农场绿色化生产的影响，如果把绿色化生产认为是化肥农药的减量使用，研究问题想获得的答案是土地经营规模是否会对家庭农场使用化肥或农药产生影响，所对比的对象仅是家庭农场，但是问卷中所获得的答案仍不能够回答这个研究问题。原因如下，问卷中得到的“多”或“少”只是针对家庭农场与周边农户进行比较所得，并不能够成为家庭农场之间的比较。比如说，某个家庭农场A亩均化肥施用量为35千克，而周边农户是40千克，农场主在问卷中填写时为“少”，而另一个家庭农场B亩均化肥使用量为30千克，而周边农户是25千克，农场主在问卷中填写时为“多”。其实，实质上如果按照农场施用化肥量比较，应该是A大于B，而从问卷中，则仅看到A小于B。

② 来自《农业绿色发展技术导则（2018—2030年）》。

杜志雄，2016；张复宏等，2017；高瑛等，2017），并且经验性结果并未指明土地经营规模对测土配方施肥技术应用的明确方向。此外，也有部分研究围绕在劳动力转移、产出风险、施肥认知、合作社等方面对测土配方施肥技术应用的影响（张复宏等，2017；张聪颖、霍学喜，2018；冯晓龙等，2018；冯燕、吴金芳，2018）。

因此，在农业现代化要求农业生产方式必须进一步向绿色化转变的大背景下，选取规模化的家庭农场为研究主体，关注土地经营规模对家庭农场测土配方施肥技术应用的影响研究既是现实背景下的客观需要又是对原有文献的创新及补充。本书基于2014年全国粮食类家庭农场监测数据，实证研究了土地经营规模对家庭农场应用测土配方施肥技术的影响，参考相关研究结果为此项技术的推广和普及提供依据和建议。因此，本章接下来的安排如下：第二节，对土地经营规模与家庭农场应用测土配方施肥技术之间影响的内在机理进行理论逻辑上的分析，并提供本章的研究假说；第三节，对包含土地经营规模在内的家庭农场特征以及家庭农场主特征与家庭农场应用测土配方施肥技术的相关关系进行统计性描述分析；第四节，利用多元线性回归模型的工具变量方法等计量方法对土地经营规模对家庭农场应用测土配方施肥技术影响的因果关系进行实证检验，用以佐证研究假说；第五节，对本章进行总结。

第二节　研究假说

家庭农场作为依靠农业为主要收入来源的生产主体，为了最大限度地增加农业收入，偏好于能够提高农产品产量、降低农业生产成本的技术。测土配方施肥技术从2005年开始推行，相关的技术操作流程等已经比较成熟，与农民按照习惯性施肥相比，粮食作物应用测土配方施肥技术能够实现亩均节本增效30元以上[①]。阿塔努等（Atanu et al.，1994）认为生产者采纳某项技术取决于

① 江娜在《测土配方施肥：带动施肥水平整体提高》中指出“据农业部统计，与农民习惯施肥相比，测土配方施肥的粮食作物一般增产6%—10%，亩节本增效达到30元以上，经济作物达80元以上”，农民日报，http：//www.moa.gov.cn/ztzl/ctpfsf/jyjl/200910/t20091014_1365202.htm，2009年10月14日。

生产者对此项技术的知晓程度，以及此项技术带来的净收益是否大于技术使用成本，而技术本身的特征是土地规模对技术采纳的主要影响因素（Feder et al.，1985）。那么，农场土地经营规模对测土配方施肥技术的采纳是否会产生影响？如果有所影响，影响效应如何？对此分析如下。

逻辑上看，土地经营规模通过两个机制对测土配方施肥技术的应用产生影响（见图6-1）。相对于土地经营规模较小的农场，一是土地规模较大的农场更有意愿和动机去采纳测土配方施肥技术；二是土地规模较大的农场更有能力采纳测土配方施肥技术。

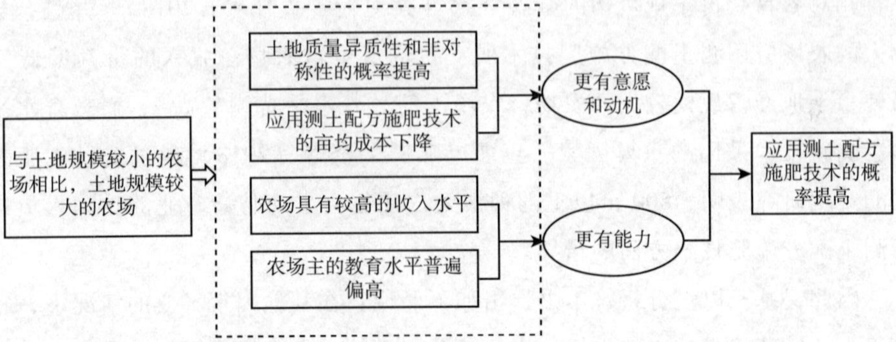

图6-1　土地经营规模对家庭农场应用测土配方施肥技术的理论分析框架

土地经营规模较大的农场应用测土配方施肥技术具有更强烈的意愿和动机，主要缘于土壤质量异质性和土地土壤质量信息的不对称性概率的提升，以及技术应用亩均成本的下降。农场的土地主要由转入地构成，一般来说，农场土地经营规模越大，转入土地的比率越高，土壤质量异质性的概率越高。在土地流转交易市场中，由于流入方和流出方对于土地质量信息的不对称性，流出方为了获得较高的交易价格，可能不会完全披露土地质量信息，进而导致农场对转入地的土地质量信息无法完全知晓。另外，测土配方施肥技术应用的总成本主要包括整个技术指导过程中的交易成本①、前期的土壤检测成本②和后期

---

① 交易成本主要包括与当地提供该技术的服务商、与测土配方肥料提供商、后期在生产中遇到问题的沟通成本等。

② 土壤检测成本主要包括选取取样单位的数量和土壤检测的主要内容。土质比较均匀的土地一般200—300亩为一个取样单位。参见合信精英联盟：《测土配方土壤取样技术》，http：//www.sohu.com/a/273482477_282412，2018年11月5日。

的配方肥成本。那么，一方面，农场在寻求农业技术推广部门等机构进行服务时，土地规模较大的农场所付出的亩均交易成本和检测成本相对较少；另一方面，土地规模较大的农场对配方肥的需求量相对较多，在重复博弈过程中，化肥经销商为了长期保持与农场的联系，销售配方肥的价格可能偏低。因而可以预期，土地规模较大的农场应用此项技术所付出的亩均成本相对较少。

农场相对偏高的收入水平和农场主较高的教育水平促使土地规模较大的农场更有能力应用测土配方施肥技术（侯晓康等，2019）。相比于土地规模小的农场，土地规模较大的农场的收入水平一般较高（曹瑞芬、张安录，2015），并且相对容易获得正规机构的金融贷款（蔡海龙、关佳晨，2018）。并且，规模大的农场应用测土配方施肥技术所支付的成本占农场总收入的份额偏低①。另外，土地经营规模较大的农场，农场主的教育水平普遍较高②，而教育水平是影响新技术采用的重要因素。正如冯燕、吴金芳（2018）通过安徽省肥东县的案例研究表明，500 亩以上的种植大户往往会主动聘请专业的技术人员进行测土配方施肥技术方面的指导。

因此，基于以上分析，本书提出如下假说：在其他因素不变的情况下，相对于土地经营规模较小的农场，土地经营规模较大的农场应用测土配方施肥技术的概率更高，更进一步说，土地经营规模较大的农场绿色化生产特征更明显。

第三节 统计描述性分析

一、土地经营规模与家庭农场应用测土配方施肥技术

由表 6 - 1 可知，相对于土地经营规模较小的家庭农场，土地经营规模较大的农场采用测土配方施肥技术的概率更高。这里把土地规模分成六组进行分

① 这里假定两个农场种植作物相同，亩均产量相同，市场销售价格相同。

② 在文中分析样本中，农场主教育水平初中以上的农场平均面积为 442.33 亩，比农场主教育水平初中及以下农场平均面积 355.52 亩多 86.81 亩。

析，分别为75亩以下、75—110亩、110—225亩、225—375亩、375—900亩以及900亩以上。土地规模在75亩以下的农场采用测土配方施肥技术的概率为37.93%；当土地规模增加到75—110亩和110—225亩时，农场采用测土配方施肥技术的概率提高到46.34%和50.75%；当土地规模进一步增加到225—375亩时，农场采用测土配方施肥技术的概率进一步提高到55.14%；随着土地规模增加到375—900亩和900亩以上时，农场采用测土配方施肥技术的概率分别提高到55.23%和62.12%。这也从侧面验证了土地经营规模较大的家庭农场采用测土配方施肥技术概率较高的理论假说。

表6-1　按照土地经营规模分组的农场应用测土配方技术的数量及其占比

土地经营规模（亩）	总样本数（个）	应用测土配方施肥技术的农场	
		样本数（个）	占比（%）
<75	29	11	37.93
[75，110)	82	38	46.34
[110，225)	268	136	50.75
[225，375]	185	102	55.14
(375，900]	172	95	55.23
>900	66	41	62.12
总体	802	423	52.74

注：对土地规模进行如此分组，主要基于以下原因：（1）林万龙（2017）根据全国户均经营规模7.56亩（2012年）和《关于引导农村土地经营权有序流转发展农业适度规模经营的意见》中提出的"现阶段，对土地经营规模相当于当地户均承包地面积10—15倍"，得出粮食生产的适度规模为75—110亩。因此选择75亩和110亩为分割点进行划分。（2）225亩（15公顷）基本处于中位数的位置，而中位数不受分析样本中最大值和最小值的影响，能够较好地反映整个分析样本中数据的集中趋势，因此选择225亩作为分割点进行划分。（3）375亩（25公顷）、900亩（60公顷）为分割点的原因主要是两者基本位于分析样本70%和90%分位点的位置，保证了225—375亩、375—900亩每部分均等的样本量，并且考虑到处于分析样本尾部10%位置的规模较大的农场。

二、家庭农场特征与家庭农场应用测土配方施肥技术

另外，由表6-2可知，家庭农场相关特征也影响着农场对测土配方施肥技术的应用概率。

表 6-2　按照家庭农场相关特征分组的家庭农场应用测土配方施肥技术的数量及其占比

家庭农场相关特征	分组	总样本数（个）	应用测土配方施肥技术的农场	
			样本数（个）	占比（%）
地块数（块）	≤5	336	190	56.55
	>5	451	225	49.89
是否在工商部门注册登记	是	498	282	56.63
	否	304	141	46.38
是否购买农业保险	是	501	281	56.09
	否	301	142	47.18
未来经营土地意愿	扩大	604	337	55.79
	不变或缩小	190	82	43.16

家庭农场相关特征方面，相比于地块数量在5块及以下的农场，地块数量在5块以上的农场采用测土配方施肥技术的概率降低了7%左右，或许地块数量较少的农场土地分散程度较弱，从而进行土壤检测的单位成本较低；农场在市场监管部门注册登记能够显著促进测土配方施肥技术的采用，采用概率提高了10%左右，或许因为在市场监管部门注册登记是企业化经营理念的体现，这类农场更倾向于采用先进的农业技术提高农场的收益水平；购买农业保险的农场相比于未购买农业保险的农场，采用测土配方施肥技术的概率提高了10%左右；未来想要扩大经营规模的农场采用测土配方施肥技术的比例较高，采用概率大于55%。

三、家庭农场主特征与家庭农场应用测土配方施肥技术

另外，由表6-3可知，家庭农场主的相关特征也同时影响着家庭农场对测土配方施肥技术的应用概率。

在家庭农场主相关特征方面，教育程度越高的农场主经营的农场采用测土配方施肥技术的概率越高，这与受教育程度较高的人容易接触并愿意采纳新技术的基本常识是吻合的；与家庭农场主未接受过土肥培育培训的农场相比，那些家庭农场主接受过培训的农场更易采用测土配方施肥技术，两者概率相差

20%左右，培训或许为农场主之间、农场主和培训部门之间提供了农业技术交流平台；农场主主要从业经历是非普通农民的农场采用测土配方施肥技术的概率为61.61%，比农场主主要从业经历是普通农民的农场采用测土配方施肥技术的概率提高了12.03%。

表6-3　按照家庭农场主相关特征分组的家庭农场应用测土配方施肥技术的数量及其占比

家庭农场主相关特征	分组	总样本数（个）	应用测土配方施肥技术的农场	
			样本数（个）	占比（%）
教育水平	不识字或小学	41	16	39.02
	初中	437	212	48.51
	高中/中专/职高	266	155	58.27
	大专及以上	58	40	68.97
是否接受过土肥培育培训	是	415	260	62.65
	否	387	163	42.12
主要从业经历	非普通农民[a]	211	130	61.61
	普通农民	591	293	49.58

注：a. 主要指合作社负责人、村干部、农机手等。

当然，为了更精确地研究土地经营规模对农场应用测土配方施肥技术的影响，必须控制住所有这些因素。为此，本书进行计量分析。

第四节　计量分析

一、模型设定和变量描述

在分析样本中，有423个家庭农场应用测土配方施肥技术，占总样本的比重是52.74%。其中，东北和中部应用测土配方施肥技术的比例均低于全国平均水平，分别为46.36%和51.03%；东部和西部应用测土配方施肥技术的比例均高于全国平均水平，分别为60.53%和62.70%。因此，为了从全国和地区层面估计土地经营规模对测土配方施肥技术的影响，本书设定如下形式的经济计量模型：

$$cetu_i = \alpha_0 + \alpha Scale_i + \sum_{k=1}^{k=7} \beta_k Ff_{ki} + \sum_{m=1}^{m=6} \lambda_m Mff_{mi} + \xi_i \quad \text{式 1}$$

$$cetu_i = \alpha_1 + \alpha_2 Scale_i + \sum_{k=1}^{k=7} \beta_k Ff_{ki} + \sum_{m=1}^{m=6} \lambda_m Mff_{mi} + Dis * Scale_i + \zeta_i \quad \text{式 2}$$

上式中被解释变量 *cetu* 表示家庭农场是否应用测土配方施肥技术；*Scale* 是关键解释变量，表示家庭农场经营的土地总规模；*Ff* 表示家庭农场的特征；*Mff* 表示家庭农场主的特征；α、β、λ、γ 表示模型中的待估计参数。其中，α 为重点关注的参数，预计 $\alpha > 0$，表明土地经营规模对农场应用测土配方施肥技术具有正向影响。式 2 中新增地区变量（*Dis*）与土地规模的交互项，考虑到各地区土地资源禀赋①、测土配方施肥技术应用比例和样本的充足性，参考薛美霞、钟甫宁（2010）的做法，仅对家庭农场特征差异较大的东北和西部地区进行比较。相关变量的描述性统计结果见表 6－4。

表 6－4　　回归分析所用变量的描述性统计结果

变量	含义及单位	均值	标准差	最小值	最大值
被解释变量					
农场是否应用测土配方施肥技术	是 =1；否 =0	0.53	0.50	0	1
关键解释变量					
农场土地经营规模	亩	388.43	491.69	30	5050
家庭农场特征变量					
地块数	块	30.24	73.82	1	800
是否是示范农场	是 =1；否 =0	0.22	0.42	0	1
是否在工商部门注册登记	是 =1；否 =0	0.62	0.49	0	1
是否与龙头企业有联系	是 =1；否 =0	0.19	0.39	0	1
是否购买农业保险	是 =1；否 =0	0.62	0.48	0	1
未来农场土地经营意愿	扩大 =1，不变或缩小 =0	0.76	0.43	0	1
流转土地是否来自一个村	是 =1；否 =0	0.76	0.43	0	1

① 东北地区农场的平均土地经营规模为 473.77 亩，西部地区农场的平均土地经营规模为 284.80 亩，东部和中部两个地区分别为 317.96 亩和 365.80 亩。

续表

变量	含义及单位	均值	标准差	最小值	最大值
家庭农场主特征变量					
性别	男 =1；女 =0	0.92	0.27	0	1
年龄	周岁	45.03	8.30	17	73
教育水平	不识字或小学 =1；初中 =2；高中/中专/职高 =3；大专及以上 =4	2.43	0.70	1	4
是否接受过土肥培育技术的培训	是 =1；否 =0	0.52	0.50	0	1
主要从业经历	普通农民 =1；非普通农民 =0	0.74	0.44	0	1
是否为外村户籍	是 =1；否 =0	0.16	0.37	0	1
式 2 中用到的地区变量					
地区	东北 =1；西部 =0	0.72	0.45	0	1

二、内生性问题

本书的关键解释变量为土地经营规模，存在内生性问题，该问题会使计量估计结果不一致。一方面，较大的土地经营规模会提高农场应用测土配方施肥技术的概率，而测土配方施肥技术的应用也可能会促使农场土地经营规模的增加，两者之间存在双向因果关系。另一方面，虽然模型已控制了影响测土配方施肥技术及土地规模的重要变量，但仍存在遗漏重要解释变量的问题，如样本农场所在地有无测土配方施肥技术的供给，或者有供给的情况下农场获得技术的便利性。

本书采用工具变量方法来克服内生性问题，所选取的工具变量是“2004 年样本县人均耕地面积”。2004 年样本县人均耕地面积总体上会对农场经营规模产生影响，而农场是否应用测土配方施肥技术难以对 2004 年样本县人均耕地面积产生影响，进而切断了两者之间的双向因果关系。工具变量的外生性方面，2005 年国家才开始推行测土配方施肥技术，因此，2004 年的样本县人均耕地面积并不会直接影响当地测土配方施肥技术的供给状况等遗漏变量；相关性方面，2006 年国家开始规定 18 亿亩耕地红线，因此，2004 年的县人均耕地面积越大，当地的规模化经营越有可能形成，也越有可能对 2014 年的农场经营规模产生影响。所以，采用2004年的县人均耕地面积作为2014年农场土地经营规模的工具变量在逻辑上具有合理性。

三、估计方法和估计结果

利用OLS和工具变量（IV）方法对LPM模型和Probit模型进行估计，从估计结果可以看出，模型总体运行良好。

关于工具变量的一系列检验结果表明（见表6－5），2004年样本县的人均耕地面积作为农场土地经营规模的工具变量是有效的。从关键解释变量农场土地经营规模的系数看（见表6－5），LPM模型的工具变量方法估计的结果明显大于OLS方法的估计结果。从LPM－OLS和LPM－IV的内生性检验结果①以及Probit－IV的Wald外生性检验结果看，两者都显著拒绝了农场土地经营规模是外生的原假设。因此，以下讨论基于工具变量法的结果。

表6－5　LPM－IV第一阶段结果（因变量为农场土地经营规模[a]）

2004年县人均耕地面积（亩）	1.561***
	(0.334)
F检验值	21.810***
不可识别检验	15.438***
弱工具变量检验	124.786

注：（1）a. 为了回归系数不至于太小，表6－5和表6－6中农场土地经营规模用原土地经营规模除以100后得到的变量进行回归。相比于直接用农场土地经营规模进行回归，显著性的结果不会改变，而系数会增加100。

（2）*** 表示在10%的水平上显著。

家庭农场土地经营规模对测土配方施肥技术影响的估计结果表明（见表6－6）：（1）土地经营规模对农场采用测土配方施肥技术有显著的正向影响（见第2和第3列），即，相比于土地规模小的农场，土地规模大的农场采用测土配方施肥技术的概率较高，实证结果证实了假说。LPM－IV模型②的系数表

① 由于线性概率模型存在异方差，并且Hausman检验在模型存在异方差的情况下不适用，因此本书采用杜宾—吴—豪斯曼检验（DWH）。

② LPM模型虽然存在一些缺点，但它对于解释变量取值在样本均值处特别奏效（Wooldridge，2009）。

明，如果一个农场以样本农场的平均经营规模 390 亩为起点来分析，在其他变量不变的情况下，若该农场的经营规模提高 100 亩（变为 490 亩），该农场采用测土配方施肥技术的概率将提高 2.30%。Probit－IV 模型的系数意味着农场的土地经营规模每提高 100 亩，农场应用测土配方施肥技术的概率平均提高 2.10%，即在其他条件不变的情况下，土地经营规模 500 亩的农场相比于土地经营规模 100 亩的农场应用测土配方施肥技术的概率平均提高 10%。能够发现，LPM－IV 模型中核心解释变量的预期概率和 Probit－IV 模型中核心解释变量的平均边际概率相差不大，这也证明了结果的稳健性。（2）相比于土地资源禀赋较好的东北地区的样本农场，西部地区农场的土地经营规模增加对提升测土配方施肥技术应用的概率更明显（见第 4 列）。从 LPM－IV 模型的系数可以看出，土地经营规模每增加 100 亩，西部地区应用测土配方施肥技术提高的概率是东北地区的 10 倍左右，或许是因为相对于东北地区而言，随着土地规模的增加，西部地区农场土地质量异质性和非对称性概率更高①。

表 6－6　　家庭农场土地经营规模对测土配方施肥技术影响的估计结果

变量	LPM－OLS（1）	LPM－IV（2）	Probit－IV（3）	LPM－IV（4）
农场土地经营规模	0.008***	0.023**	0.021**	0.098***
	（0.003）	（0.010）	（0.009）	（0.037）
东北地区×土地经营规模	—	—	—	－0.088***
	—	—	—	（0.032）
地块数（对数）	－0.013	－0.007	－0.004	－0.083***
	（0.013）	（0.013）	（0.133）	（0.024）
是否是示范农场	－0.009	－0.044	－0.040	－0.124**
	（0.041）	（0.042）	（0.041）	（0.062）
是否在工商部门注册登记	－0.012	－0.006	－0.007	0.041
	（0.041）	（0.043）	（0.041）	（0.053）
是否与龙头企业有联系	0.113**	0.080	0.080*	0.037
	（0.048）	（0.050）	（0.048）	（0.081）
是否购买农业保险	0.072**	0.088**	0.081	0.132**
	（0.036）	（0.037）	（0.035）	（0.054）

① 根据分析样本数据显示，西部地区农场每百亩土地平均拥有地块数（35.35 块）是东北地区农场每百亩土地平均拥有地块数（5.68 块）的 6 倍左右。

续表

变量	LPM - OLS（1）	LPM - IV（2）	Probit - IV（3）	LPM - IV（4）
未来农场土地经营意愿	0.129***	0.153***	0.148***	0.290***
	(0.041)	(0.042)	(0.039)	(0.055)
流转土地是否来自一个村	0.049	0.077*	0.076*	0.059
	(0.040)	(0.042)	(0.040)	(0.054)
性别	0.058	0.045	0.045	-0.028
	(0.065)	(0.067)	(0.064)	(0.095)
年龄	0.000	0.000	0.000	0.000
	(0.002)	(0.002)	(0.002)	(0.003)
受教育水平	0.068***	0.071***	0.069***	0.055
	(0.026)	(0.026)	(0.026)	(0.037)
是否接受过土肥培育技术的培训	0.180***	0.181***	0.166***	0.174***
	(0.036)	(0.036)	(0.034)	(0.050)
主要从业经历	-0.017	0.006	0.002	-0.032
	(0.042)	(0.047)	(0.045)	(0.076)
是否为外村户籍	0.168***	0.142***	0.156***	0.251***
	(0.048)	(0.051)	(0.053)	(0.075)
作物种类	已控制	已控制	已控制	已控制
地区[a]	已控制	已控制	已控制	未控制
常数项	-0.225	-0.378**	-2.460***	-0.123
	(0.156)	(0.166)	(0.468)	(0.237)
观测值	778	736	736	420
F 检验值	8.620***	9.690***		11.170***
沃尔德统计量	—		123.310***	
对数伪似然估计值	—		-2572.534	
内生性检验	3.355*		—	
沃尔德统计量（沃尔德内生性检验）	—		2.75*	

注：（1）a. 以东北地区为基准组，东部、中部、西部地区为虚拟变量。

（2）Probit - IV 的结果为边际概率。

（3）***、**、* 分别表示在 10%、5%、1% 的水平上显著。

除关键解释变量之外，其他解释变量也对家庭农场应用测土配方施肥技术产生了影响。在其他条件不变的情况下，相比于未购买农业保险的农场，购买农业保险的农场应用测土配方施肥技术的概率提升了10%左右，或许是农场担心测土配方施肥技术的应用会对农产品的产出造成不确定性，而农业保险能够较好地规避这种风险（叶明华、朱俊生，2017）。在其他条件不变的情况下，那些准备扩大规模的农场比那些准备保持规模不变或缩小规模的农场采用测土配方施肥技术的概率提升了17%或18%，这或许表明，那些准备扩大规模的农场对未来有好的预期，保证了现有土地的稳定性，从而促进了测土配方施肥技术的应用（郜亮亮、黄季焜等，2011）。农场主接受过土肥培育技术培训的农场比农场主未接受过土肥培育技术培训的农场应用测土配方施肥技术的概率提高了16.40%或18%，或许参与培训可以为农场主提供更多地技术指导，这也与黄等（Huang et al.，2012）认为技术培训能够减少22%的氮肥使用量以及应瑞瑶、朱勇（2015）认为农业培训能够降低化学投入品使用量的研究一致。另外，相比于农场主为本村户籍的农场，农场主外村户籍的农场应用测土配方施肥技术的概率提高了15.40%或16%，或许因为外村户籍的农场主对于所经营农场的土地质量等信息没有本村户籍农场主熟悉，从而增加了农场应用测土配方施肥技术的概率。

综上所述，家庭农场的土地经营规模对于农场应用测土配方施肥技术具有显著正向影响，并且，此影响在土地资源禀赋较差的西部地区更为明显。

四、进一步探讨

表6-7分别利用2个模型对表6-1分组的农场土地经营规模进行回归①，LPM模型中每组规模的预期概率和Logit模型中每组规模的平均边际概率相差不大，并且2个模型同时表明，相对于土地规模75亩以下的农场，农场土地规模达到225亩开始显著影响测土配方施肥技术的应用概率。由于分组后的土

① 做回归时，由于未发现多个IV对应多个内生变量的命令，因此3个模型回归并未克服规模内生性的问题。但是，可以知道的是，如果克服内生性问题的话，相比于土地规模75亩以下的农场，土地规模应该在110亩以下，就会显著影响测土配方施肥技术的应用概率，因为从表6-6的回归结果中，我们发现，未克服内生性的模型明显低估了规模对技术采用的影响。

地规模为二分虚拟变量，LPM 模型中核心解释变量的系数衡量的是相对于 75 亩以下的农场，其他规模农场应用测土配方施肥技术概率的预期变化，因而避免了该模型估计的自变量边际效应恒为常数的问题；另外，LPM 模型预测概率在［0，1］之外的值仅有 10 个，占比仅为 1.29%。因此，LPM 模型的估计结果可以作为主要分析依据。

表 6－7　按照表 6－1 分组的农场土地经营规模对测土配方施肥技术影响的估计结果

土地经营规模分组	LPM 模型（1）	Logit 模型（2）
<75（亩）	—	—
	—	—
75—110（亩）	0.059	0.060
	(0.103)	(0.102)
110—225（亩）	0.159*	0.158*
	(0.093)	(0.092)
225—375（亩）	0.174*	0.171*
	(0.096)	(0.095)
375—900（亩）	0.176*	0.173*
	(0.097)	(0.096)
>900（亩）	0.234**	0.229**
	(0.108)	(0.108)
地块数（对数）	−0.014	−0.012
	(0.013)	(0.013)
是否是示范农场	−0.014	−0.013
	(0.042)	(0.042)
是否在工商部门注册登记	−0.019	−0.018
	(0.042)	(0.040)
是否与龙头企业有联系	0.105**	0.108**
	(0.049)	(0.049)
是否购买农业保险	0.068*	0.065*
	(0.036)	(0.035)
未来农场土地经营意愿	0.133***	0.131***
	(0.041)	(0.040)

续表

土地经营规模分组	LPM 模型（1）	Logit 模型（2）
流转土地是否来自一个村	0.054	0.054
	(0.041)	(0.040)
性别	0.056	0.059
	(0.065)	(0.063)
年龄	0.001	0.001
	(0.002)	(0.002)
受教育水平	0.065**	0.065**
	(0.026)	(0.026)
是否接受过土肥培育技术的培训	0.184***	0.177***
	(0.036)	(0.033)
主要从业经历	-0.025	-0.028
	(0.042)	(0.041)
是否为外村户籍	0.164***	0.176***
	(0.049)	(0.052)
作物种类	已控制	已控制
地区	已控制	已控制
常数项	-0.349**	-3.929***
	(0.177)	(0.843)
观测值	778	778
F 检验值	7.010***	—
Wald chi2	—	93.250***
Log pseudolikelihood	—	-479.856

注：(1) 括号内为异方差稳健标准误。

(2) ***、**、*分别表示在 10%、5%、1% 的水平上显著。

(3) Logit 的结果为边际概率。

估计结果表明（见表 6-7），与土地规模在 75 亩以下的农场相比，土地规模达到 110 亩后的农场应用测土配方施肥技术的概率显著提高，并且随着土地规模区间的提高，影响效应逐渐增强。相比于土地规模 75 亩以下的农场，土地规模达到 110—225 亩和 225—375 亩时，农场应用测土配方施肥技术的概率分别显著提高了 15.90% 和 17.40%；当土地规模增加到 375—900 亩和 900 亩以上时，农场应用测土配方施肥技术的概率分别显著提高了 17.60% 和

23.40%。另外，模型中的其他控制变量，如未来农场土地经营意愿、受教育程度、是否为外村户籍等均与表6-5中的估计结果显著性相同，这也侧面证明了模型的稳健性。另外，由表6-8可知，与土地规模在110—225亩的农场相比，土地规模达到225—375亩、375—900亩或900亩以上时，农场应用测土配方施肥技术的概率并不存在显著性差异。或许表明，相对较大的土地规模并不显著促进农场应用测土配方施肥技术，即，目前倡导的土地适度规模经营①与测土配方施肥技术的推广和普及并不矛盾。

综上所述，相比于土地规模在75亩以下的农场，土地规模达到110亩后的农场应用测土配方施肥技术的概率显著提高。如果按照农场应用测土配方施肥技术亩均增效30元核算，或许表明，测土配方施肥技术预期能够盈利3500元才能够激励农场应用此项技术；这也反向说明，如果测土配方施肥技术亩均增效超过30元，农场的土地规模可能会低于110亩就会显著提高测土配方施肥技术应用概率。

表6-8　LPM模型中后三组土地经营规模分组的回归系数与110—225亩的回归系数比较

规模（亩）	系数	t值	P值
225—375	0.018	0.370	0.711
375—900	0.021	0.410	0.682
>900	0.072	1.060	0.291

第五节　本章小结

测土配方施肥技术作为一项绿色生产技术，是政府重点推广的一项化肥农药的减施技术，能够有效避免氮磷钾等元素的过量投入，对化肥的减量增效起到非常重要的作用，在某种程度上可以说明家庭农场向绿色化农业生产方式转

① “适度规模经营”频繁出现在历年的“中央一号文件”中。从经济学角度看，土地适度规模经营点在边际收益和边际成本交汇处，而在本书中，参考林万龙（2017），土地适度规模经营点指的是考虑到劳动力转移速度和土地资源稀缺禀赋的约束点。

变的方向。至今，此项技术普及率仍然过低的原因值得探讨。基于此，本书利用全国粮食类家庭农场监测数据，通过理论和实证分析，得出如下研究结果：(1) 全国层面上，土地经营规模对农场应用测土配方施肥技术具有显著正向影响。土地经营规模每增加100亩，农场应用测土配方施肥技术的概率平均提高2.10%；(2) 政府当前倡导的土地适度规模经营与测土配方施肥技术的应用，或者更进一步，与农业生产方式向绿色化转变并不存在矛盾。相对于土地规模75亩以下的农场，土地规模达到110亩后，农场应用测土配方施肥技术的概率会显著提高；但是，相对于土地规模110—225亩的农场225亩以上的农场应用测土配方施肥技术的概率并不会显著提高。(3) 地区层面上，西部地区的样本农场中，土地经营规模对测土配方施肥技术应用的正向影响效应是东北地区样本农场的10倍。具体为，土地规模每增加100亩，西部地区样本农场应用测土配方施肥技术的概率平均提高10%左右。

测土配方施肥技术的应用对于化肥的减量有效应用和农业的绿色发展具有重要意义。因此，为了推广和普及测土配方施肥技术，特提出如下政策建议。第一，为了耕地质量的改善，应该有效促进土地向家庭农场等适度规模经营主体流转，一味扩大土地经营规模是不可取的。测土配方施肥技术应用概率显著提高的土地规模处于110—225亩，随着土地规模的增加，其应用概率并不会显著提高。第二，结合不同地区的土地资源禀赋和土地经营规模对测土配方施肥技术的影响效应，有针对性地采取不同策略普及测土配方施肥技术。比如，在西部地区，农场在土地规模扩大过程中会有较大概率应用测土配方施肥技术，那么应该着重于对测土配方施肥技术操作规范进行指导，并且兼顾对已经从事农业的生产者进行相关土肥培育技术的培训等；而在土地经营规模对测土配方施肥技术应用概率影响较弱的东北地区，政府应该侧重于对农业生产者进行测土配方施肥技术知识宣传和相关土肥培育技术培训，以增强他们对测土配方施肥技术的认知水平。

第七章　研究结论与政策建议

现阶段中国农业生产方式正处于从传统向现代转变的过渡阶段。乡村振兴战略的实施和农业现代化目标的实现要求现阶段中国农业生产方式必须持续向现代农业生产方式发生转变。中国农业生产方式的转变有赖于农业生产主体的生产行为，而家庭农场是现阶段符合农业经济发展规律和社会发展阶段的生产主体。因此，在土地规模化的趋势下，探究家庭农场在现阶段中国农业生产方式转变中所起的作用，关注土地经营规模对家庭农场专注于生产的专业化、机械化和绿色化生产方式特征的影响具有重要的现实意义。

第一节　研究结论

首先，对农业生产方式内涵和外延进行界定。本书尝试把农业生产方式内涵概括为现阶段下农业生产过程中的技术条件和社会条件，具体包括农业生产过程中不同环节的组织方式以及农业生产技术的采纳和应用等一系列要素。依据农业生产方式内涵，进一步认为农业生产方式外延内容丰富，并且不是一成不变的，它是随着生产力水平和社会性质或者社会发展阶段不断发生演变的。但是，其实质均在于适应并提高现阶段的农业生产力水平、提升农业生产效率、增加农民收入以及保持农业的可持续发展。

其次，对中国农业生产方式的阶段性特征进行梳理和归纳，着重对现阶段中国农业生产方式特征的转变方向进行阐述，并且提出家庭农场是现阶段中国农业生产方式转变的重要载体。通过梳理发现，现阶段中国农业生产方式以土地适度规模化为主要特征，以此为延伸，进一步指出土地规模化趋势正不断加强，它也是中国农业生产方式向专业化、机械化和绿色化转变的必要条件。与现代农业生产方式相比，现阶段专业化、机械化和绿色化的农业生产方式特征存在以下不足：农业生产主体参与农业生产性服务的程度逐步提高，但仍处于偏低水平；农业机械化生产水平稳步提高，但仍未实现全程机械化；农业绿色化生产特征逐渐显现，但化肥农药的施用强度仍处于偏高水平。这要求现阶段农业生产方式必须要进一步向专业化、机械化和绿色化转变。家庭农场作为现阶段契合农业发展规律的生产主体，生产方式特征呈现出土地适度规模化、专注于生产的专业化和机械化水平相对较高、绿色化生产特征显现等一系列特征。这些特征与现阶段以土地适度规模化为主要特征的中国农业生产方式发生转变的方向是相一致的。这也说明家庭农场有助于现阶段中国农业生产方式向现代农业生产方式转变。

最后，基于829个全国粮食家庭农场监测数据，对土地经营规模与家庭农场专业化、机械化和绿色化生产方式特征进行描述性统计性，并通过计量模型实证检验了土地经营规模对家庭农场专业化、机械化和绿色化生产方式特征的影响。实证分析所获得的研究结果如下：

（1）家庭农场专业化生产方式特征方面，家庭农场的专业化水平侧重且突出表现于其专注于生产的程度。研究发现，家庭农场加入合作社是其实现专业化的重要途径，并且，相比于土地经营规模较小的农场，土地经营规模较大的家庭农场专注于生产的专业化水平较高。在实证研究方面，以家庭农场是否加入合作社衡量家庭农场专注于生产的专业化水平，那么，问题就可以归结到，如果能够证明土地经营规模较大的农场加入合作社的概率更高，也就可以间接得出，此类农场专业化水平更高的研究结论。通过检验发现土地经营规模与家庭农场是否加入合作社之间存在内生性问题，用线性概率模型的工具变量方法估计了土地经营规模对家庭农场专业化生产的影响。研究结果显示，家庭农场土地经营规模每增加100亩，家庭农场加入合作社的概率提高2. 90%，即家庭农场专业化生产水平提高。

（2）家庭农场机械化生产特征方面，以农业综合机械化率作为衡量家庭农场机械化水平的代理变量。研究发现，土地经营规模对家庭农场机械化水平的提高具有显著正向作用，但是，对耕地、播种（插秧）、收获不同环节的机械化水平的正向影响程度不同，其对机耕水平的正向影响程度最低。另外，也发现，在现阶段的农业生产技术下，土地适度规模经营可能与家庭农场机械化生产的提高并不矛盾。实证研究方面，检验发现土地经营规模与家庭农场机械化生产存在内生性问题，采用工具变量方法估计多元线性模型，分别对土地经营规模对家庭农场的机械化水平、机耕、机播和机收水平进行估计。具体研究结果为：①全国层面上，土地经营规模每增加 100 亩，农场的机械化水平提高 2.49%；②在耕地、播种（插秧）和收获不同环节的机械化水平方面，土地经营规模每增加 100 亩，家庭农场机播机收水平分别提高 3.33% 和 2.27%，家庭农场机耕水平仅提高 1.82%；③在不同的土地经营规模区间方面，研究结果显示，相对于土地经营规模 75 亩以下的农场，土地经营规模大于 75 亩的家庭农场的机械化水平显著提高，但与土地经营规模处于 110—240 亩的家庭农场相比，土地经营规模处于 240—850 亩的家庭农场机械化水平并不存在显著性差异，仅当土地经营规模大于 850 亩时，家庭农场机械化水平才会显著提高。

（3）家庭农场绿色化生产特征方面，以家庭农场是否应用测土配方施肥技术作为家庭农场绿色化生产的代理变量。选用测土配方施肥技术主要受限于数据的可获得性，虽然说测土配方施肥技术不能够完全代表家庭农场绿色化生产水平，但是，农业生产方式向绿色化的转变重在绿色生产技术的应用，而测土配方施肥技术作为一项绿色生产技术，相关研究也已表明测土配方施肥技术能够促使家庭农场减量施用化肥以及提高家庭农场施用化肥的利用效率。因此，家庭农场如果应用测土配方施肥技术，也能在一定程度上说明家庭农场农业生产方式向绿色化的转变。

研究发现，土地经营规模对家庭农场应用测土配方施肥技术概率的提高具有显著正向作用；两者之间的正向影响作用，西部地区是东北地区的 10 倍。另外，研究也发现，土地适度规模与测土配方施肥技术的应用并不存在矛盾，进一步说，与绿色化生产方式的转变并不存在矛盾。实证研究方面，检验发现土地经营规模对家庭农场是否应用测土配方施肥技术存在内生性问题，应用工具变量方法对线性概率模型和 Probit 模型进行估计。具体研究结果为：①全国层面上，土地经营规模每增加 100 亩，家庭农场应用测土配方施肥技术的概率平均提高 2.10%；②对不同的土地经营规模区间回归，结果发现，相对于土地规模 75 亩以下的农场，土地规模达到 110 亩后，农场应用测土配方施肥技术的概率会显著提高；但是，相对于土地规模 110—225 亩的农场，225 亩以上的农场应用测土配方施肥技术的概率并不会显著提高；③地区层面上，土地规模每增加 100 亩，西部地区样本农场应用测土配方施肥技术的概率平均提高 10% 左右。

综合上述研究结果，可以得出如下研究结论：家庭农场生产方式向专业化、机械化和绿色化的转变与土地规模化的方向是相一致的，另外，土地适度规模与家庭农场生产方式的转变并不存在矛盾；家庭农场是现阶段中国农业生产方式向专业化、机械化和绿色化转变的重要载体。

第二节　政策建议

为进一步促进现阶段中国农业生产方式的转变，根据本书得出的研究结论，特提出如下政策建议：

第一，重视家庭农场等规模化生产主体的培育，遵循家庭农场自身发展规律。家庭农场等规模化生产主体所表现的专业化、机械化和绿色化等生产方式与农业现代化目标实现的要求基本一致。通过前文的分析发现，与小农户相比，家庭农场呈现出土地适度规模化经营、专注于生产的专业化水平和机械化水平较高、亩均化肥农药的施用量明显较低、倾向于使用绿色生产技术等方面的生产特征。另外，政府在培育家庭农场等规模化生产主体时，也应自觉遵守家庭农场自身发展规律，比如说，家庭农场会自然而然地内生出合作需求，政府可以因势利导，并在必要环节进行相应的支持及指导。

第二，继续推进土地适度规模化经营，促进现阶段中国农业生产方式转变。从前文分析可以发现，在当前社会发展阶段和技术水平下，随着土地经营规模的扩大，家庭农场专业化、机械化和绿色化的生产特征会变得更为明显。另外，值得注意的是，在当前农机技术的发展水平下，土地适度规模并不影响农业机械化的普及，在绿色化生产特征方面也发现同样的规律。比如，测土配方施肥技术应用概率显著提高的土地规模处于 110—225 亩，随着土地规模的增加，其应用概率并不会显著提高。因此现阶段，在继续推进土地规模化的过程中，要遵循土地规模适度的原则，一味地扩大土地经营规模也是不可取的。

第三，完善农业生产性服务体系，构建现代农业经营体系。通过分析能够发现，家庭农场因其土地规模较大所产生的农产品交易量也较大，经济利益的驱动下会内生出与其他生产经营主体合作的需求。文中已经分析过，家庭农场加入合作社后，有意愿且能够把产前、产后等不具备规模优势的环节分离出去，从而其生产的专业化水平会显著提高。因此，如果能够更好地完善农业生产性服务体系，促使不同的新型农业生产经营主体在农业的产业链条中各司其职，则会有助于资源配置效率的提高和现代农业经营体系的构建。

第四，着重关注用于播种（插秧）和收获机械的研发、更新换代、推广和应用，进而实现全程农业机械化。通过实证研究发现，土地经营规模的扩大对于机播和机收水平的提高具有明显作用，而土地经营规模对于机耕水平的提高作用有限。这也许说明，在土地规模化的过程中，用于播种收获的机械技术水平没有用于耕作的机械技术水平成熟。

第五，结合不同地区的土地资源禀赋和土地经营规模对测土配方施肥技术的影响效应，有针对性地采取不同策略普及测土配方施肥技术。比如，在西部地区，农场在土地规模扩大过程中会有较大概率应用测土配方施肥技术，那么应该着重于对测土配方施肥技术操作规范进行指导，并且兼顾对已经从事农业的生产者进行相关土肥培育技术的培训等；而在土地经营规模对测土配方施肥技术应用概率影响较弱的东北地区，政府应该侧重于对农业生产者进行测土配方施肥技术知识宣传和相关土肥培育技术培训，以增强他们对测土配方施肥技术的认知水平。

第三节　下一步的研究思路

本书虽然对家庭农场专业化、机械化和绿色化生产方式展开了较为深入的研究，但是依然存在一些不足和局限，需要下一步继续开展相关研究。

一是本书主要关注了家庭农场专业化、机械化和绿色化农业生产方式，而没有涉及其他农业生产方式。如果能够进一步扩大生产方式特征的研究范围，对于未来的政策指导也会更具有适用性，这也是本书的不足之处。另外，由于家庭农场生产方式是随着生产力水平动态变化的，因此，持续的追踪数据更能够反映出家庭农场生产方式变化。所以，在今后的研究中，可以尝试利用一些持续变化的省级层面的宏观数据进行农业生产方式相关分析，或者尝试把现有问卷进行完善，比如加入一些衡量智能化、标准化、品牌化的指标等，并且尝试做更深入的入户调研来获取这些数据。

二是本书在分析家庭农场绿色化生产方式中，绿色化生产方式的形成和发展不仅依靠测土配方施肥技术进行科学施肥，还包括其他绿色生产技术、化肥施用量和农药施用量的具体数值等，最优的做法是能够利用一套指标体系构造绿色化的代理变量。如果能够找到这些变量用以构造绿色化生产方式指标，那么，研究结果的说服力会更强。在今后的研究中，应尝试在现有问卷基础上加入这些变量，并且可以尝试做更深入的入户调研来获取这些数据。

参考文献

[1] A. 恰亚诺夫. 农民经济组织 [M]. 萧正洪，译. 北京：中央编译出版社，1996.

[2] 西奥多·舒尔茨. 改造传统农业 [M]. 梁小民，译. 北京：商务印书馆，2010.

[3] 速水佑次郎，弗农拉坦. 农业发展：国际前景 [M]. 吴伟东，等，译. 北京：商务印书馆，2014.

[4] 弗兰克·艾利思. 农民经济学——农民家庭农业和农业发展 [M]. 胡景北，译. 上海：上海人民出版社，2006.

[5] 李周. 食物生产方式向专业化、规模化和组织化转变战略研究 [M]. 北京：科学出版社，2017.

[6] 联合国粮食及农业组织. 2014 年家庭农业的创新 [R]. 罗马：联合国粮食及农业组织，2015.

[7] 卢现祥，朱巧玲. 新制度经济学（第二版）[M]. 北京：北京大学出版社，2012.

[8] 魏后凯，杜志雄，等. 中国农村发展报告（2019）[M]. 北京：中国社会科学出版社，2019.

[9] 杨小凯. 经济学——新兴古典与新古典框架 [M]. 张定胜，张永生，李利明，译. 北京：社会科学文献出版社，2003.

[10] 白积洋. 农民专业合作社如何促进农业分工和专业化发展的实证分析——来自广东湛市微观调查数据的分析 [J]. 新疆农垦经济，2012（11）：33－42.

[11] 北京天则经济研究所《中国土地问题》课题组. 土地流转与农业现代化 [J]. 管理世界，2010（07）：66－85，97.

[12] 蔡海龙，关佳晨. 不同经营规模农户借贷需求分析 [J]. 农业技术

经济，2018（04）：90－97.

［13］蔡海龙．农业产业化经营组织形式及其创新路径［J］．中国农村经济，2013（11）：4－11.

［14］蔡荣，蔡书凯．农业生产环节外包实证研究——基于安徽省水稻主产区的调查［J］．农业技术经济，2014（04）：34－42.

［15］蔡荣，汪紫钰，杜志雄．示范家庭农场技术效率更高吗？——基于全国家庭农场监测数据［J］．中国农村经济，2019（03）：65－81.

［16］蔡颖萍，杜志雄．家庭农场生产行为的生态自觉性及其影响因素分析——基于全国家庭农场监测数据的实证检验［J］．中国农村经济，2016（12）：33－45.

［17］蔡颖萍，岳佳，杜志雄．家庭农场畜禽粪污处理方式及其影响因素分析——基于全国养殖型与种养结合型家庭农场监测数据［J］．生态经济，2020，36（01）：178－185.

［18］曹瑞芬，张安录．耕地保护补偿标准及跨区域财政转移机制——基于地方政府经济福利视角的研究［J］．中国人口·资源与环境，2015（10）：132－138.

［19］曹铁毅，王雪琪，邹伟．家庭农场测土配方施肥行为分析——基于人力资本和社会资本禀赋［J］．干旱区资源与环境，2020，34（05）：117－123.

［20］曹阳，胡继亮．中国土地家庭承包制度下的农业机械化——基于中国17省（区、市）的调查数据［J］．中国农村经济，2010（10）：57－65，76.

［21］陈纪平．家庭与现代农业经济组织的功能与界限［J］．西部论坛，2017，27（05）：27－36.

［22］陈江华，罗明忠，张雪丽．禀赋特征、外部环境与农业生产环节外包——基于水稻种植户的考察［J］．新疆农垦经济，2016（11）：1－11.

［23］陈升．农业劳动力转移应与机械化同步发展［J］．农业技术经济，1986（03）：6－8.

［24］陈文浩，谢琳．农业纵向分工：服务外包的影响因子测度——基于专家问卷的定量评估［J］．华中农业大学学报（社会科学版），2015（02）：17－24.

［25］陈云飞，冯中朝，杜为公，等．土地规模经营影响油菜生产国际竞

争力机理——以湖北、四川等5省1034户种植农户为例［J］. 中国农业大学学报，2020，25（02）：199－211.

［26］仇叶. 小规模土地农业机械化的道路选择与实现机制——对基层内生机械服务市场的分析［J］. 农业经济问题，2017，38（02）：55－64.

［27］董涵英. 土地经营规模与农业机械化［J］. 中国农村经济，1986（08）：50－53.

［28］杜建军，张军伟，邵帅. 供给侧改革背景下中国农业产业集聚的形成演变研究［J］. 财贸研究，2017，28（05）：33－46，99.

［29］杜志雄，金书秦. 中国农业政策新目标的形成与实现［J］. 东岳论丛，2016，37（02）：24－29.

［30］杜志雄，刘文霞. 家庭农场的经营和服务双重主体地位研究：农机服务视角［J］. 理论探讨，2017（02）：78－83.

［31］杜志雄，王新志. 中国农业基本经营制度变革的理论思考［J］. 理论探讨，2013（04）：72－75.

［32］杜志雄，肖卫东. 家庭农场发展的实际状态与政策支持：观照国际经验［J］. 改革，2014（06）：39－51.

［33］杜志雄. 把家庭农场培育成高质量的新型农业经营主体［J］. 农村经营管理，2019（11）：16－17.

［34］杜志雄. 家庭农场处于农业产业振兴核心地位［J］. 农村经营管理，2018（05）：22－23.

［35］杜志雄. 将家庭农场置于新型农业经营主体的核心来培育［R］. 中国社会科学院城乡发展一体化智库研究专报，2019（08）.

［36］方师乐，卫龙宝，伍骏骞. 非农就业视角下城镇化对农业机械化的影响［J］. 经济理论与经济管理，2018（11）：81－93.

［37］冯晓龙，仇焕广，刘明月. 不同规模视角下产出风险对农户技术采用的影响——以苹果种植户测土配方施肥技术为例［J］. 农业技术经济，2018（11）：120－131.

［38］冯晓龙，霍学喜. 社会网络对农户采用环境友好型技术的激励研究［J］. 重庆大学学报（社会科学版），2016，22（03）：72－81.

［39］冯燕，吴金芳. 合作社组织、种植规模与农户测土配方施肥技术采

纳行为——基于太湖、巢湖流域水稻种植户的调查［J］. 南京工业大学学报（社会科学版），2018（06）：28－37.

［40］符钢战，韦振煜，黄荣贵. 农村能人与农村发展［J］. 中国农村经济，2007（03）：38－47.

［41］高帆，张文景. 中国语境中的“家庭农场”［J］. 探索与争鸣，2013（06）：57－61.

［42］高帆. 分工演进与中国农业发展的路径选择［J］. 学习与探索，2009（01）：139－145.

［43］高鸣，习银生，吴比. 新型农业经营主体的经营绩效与差异分析——基于农村固定观察点的数据调查［J］. 华中农业大学学报（社会科学版），2018（05）：10－16，160－161.

［44］高强，刘同山，孔祥智. 家庭农场的制度解析：特征、发生机制与效应［J］. 经济学，2013（06）：48－56.

［45］高昕. 中国农业发展方式转变指数构建与初步测度［J］. 河南农业大学学报，2018，52（06）：1003－1009.

［46］高延雷，张正岩，王志刚. 城镇化提高了农业机械化水平吗？——来自中国31个省（区、市）的面板证据［J］. 经济经纬，2020（03）：1－10.

［47］高杨，张笑，陆姣，等. 家庭农场绿色防控技术采纳行为研究［J］. 资源科学，2017，39（05）：934－944.

［48］高瑛，王娜，李向菲，等. 农户生态友好型农田土壤管理技术采纳决策分析——以山东省为例［J］. 农业经济问题，2017，38（01）：38－47，110－111.

［49］郜亮亮，黄季焜，罗泽尔·斯科特（Rozelle Scott），等. 中国农地流转市场的发展及其对农户投资的影响. 经济学（季刊），2011（04）：1499－1514.

［50］郜亮亮，杜志雄. 农业生产经营主体的经营规模与合作需求——宁波市鄞州区 YSN 家庭农场从经营主体到合作社的蜕变［J］. 中国乡村发现，2015（03）：106－111.

［51］郜亮亮. 中国种植类家庭农场的土地形成及使用特征——基于全国31省（自治区、直辖市）2014—2018 年监测数据［J］. 管理世界，2020，36（04）：181－195.

[52] 葛继红，周曙东，朱红根，殷广德．农户采用环境友好型技术行为研究——以配方施肥技术为例 [J]．农业技术经济，2010 (09)：57-63.

[53] 郭树华，李石松．综合交通运输体系对产业专业化与空间区域集聚的影响——以云南省农业产业为例 [J]．经济问题探索，2016 (01)：125-131.

[54] 郭熙保，冯玲玲．家庭农场规模的决定因素分析：理论与实证 [J]．中国农村经济，2015 (05)：82-95.

[55] 郭熙保，冷成英．我国家庭农场发展的十大特征——基于武汉和郎溪607户家庭农场的比较分析 [J]．经济纵横，2018 (10)：43-58.

[56] 郭熙保，冷成英．我国家庭农场发展模式比较分析——基于武汉和郎溪调查数据 [J]．福建论坛（人文社会科学版），2018 (11)：171-180.

[57] 韩朝华．个体农户和农业规模化经营：家庭农场理论评述 [J]．经济研究，2017，52 (07)：184-199.

[58] 韩旭东，杨慧莲，郑风田．乡村振兴背景下新型农业经营主体的信息化发展 [J]．改革，2018 (10)：120-130.

[59] 韩志华，郭晓慧，党秀，等．上海松江区家庭农场发展现状与对策 [J]．贵州农业科学，2014，42 (04)：240-244.

[60] 何劲，祁春节．家庭农场产业链：延伸模式、形成机理及制度效率 [J]．经济体制改革，2018 (02)：78-84.

[61] 何劲，熊学萍，祁春节．新型农业经营体系与现代农业发展的关联效应研究——以湖北省为例 [J]．农业现代化研究，2019，40 (03)：395-402.

[62] 何秀荣．技术、制度与绿色农业 [J]．河北学刊，2018 (4)：120-125.

[63] 洪传春，刘某承，李文华．我国化肥投入面源污染控制政策评估 [J]．干旱区资源与环境，2015 (04)：1-6.

[64] 侯方安．农业机械化推进机制的影响因素分析及政策启示——兼论耕地细碎化经营方式对农业机械化的影响 [J]．中国农村观察，2008 (05)：42-48.

[65] 侯晓康，刘天军，黄腾，等．农户绿色农业技术采纳行为及收入效应

[J]. 西北农林科技大学学报（社会科学版）[J], 2019, 19 (03): 121-131.

[66] 胡凌啸，周应恒．农业综合开发、农技推广培训与农机购置补贴效率 [J]. 经济与管理研究，2016，37 (08): 87-95.

[67] 胡凌啸．劳动力价格、经营规模与农民机械化需求及选择研究——以粮食生产为例 [D]. 南京：南京农业大学，2017.

[68] 胡霞．日本农业扩大经营规模的经验与启示 [J]. 经济理论与经济管理，2009 (03): 61-65.

[69] 胡新艳，朱文珏，刘恺．交易特性、生产特性与农业生产环节可分工性——基于专家问卷的分析 [J]. 农业技术经济，2015 (11): 14-23.

[70] 胡宜挺，肖志敏．农户农业生产环节外包行为影响因素分析——基于内蒙古宁城县玉米种植户调研数据 [J]. 广东农业科学，2014，41 (19): 226-231.

[71] 黄炜虹，齐振宏，杨彩艳．种植大户专业化的影响因素及其经济效应研究——基于长江中游502户种植大户的调查数据 [J]. 华中农业大学学报（社会科学版），2019 (03): 41-49, 160.

[72] 黄武，黄宏伟，朱文家．农户秸秆处理行为的实证分析——以江苏省为例 [J]. 中国农村观察，2012 (04): 37-43, 69, 93.

[73] 黄宗智．“家庭农场”是中国农业的发展出路吗？[J]. 开放时代，2014 (02): 176-194.

[74] 纪龙，徐春春，李凤博等．农地经营对水稻化肥减量投入的影响 [J]. 资源科学，2018，40 (12): 2401-2413.

[75] 纪月清，王亚楠，钟甫宁．我国农户农机需求及其结构研究——基于省级层面数据的探讨 [J]. 农业技术经济，2013 (07): 19-26.

[76] 冀县卿，钱忠好，李友艺．土地经营规模扩张有助于提升水稻生产效率吗？——基于上海市松江区家庭农场的分析 [J]. 中国农村经济，2019 (07): 71-88.

[77] 江鑫，颜廷武，尚燕，等．土地规模与农户秸秆还田技术采纳——基于冀鲁皖鄂4省的微观调查 [J]. 中国土地科学，2018，32 (12): 42-49.

[78] 江雪萍，李大伟．农业生产环节外包驱动因素研究——来自广东省的问卷 [J]. 广东农业科学，2017，44 (01): 176-182.

[79] 江泽林. 把握新时代农业机械化的基本特性 [J]. 农业经济问题, 2019 (11): 4-14.

[80] 姜松, 曹峥林, 刘晗. 农业社会化服务对土地适度规模经营影响及比较研究——基于CHIP微观数据的实证 [J]. 农业技术经济, 2016 (11): 4-13.

[81] 姜长云. 农业产业化组织创新的路径与逻辑 [J]. 改革, 2013 (08): 37-48.

[82] 金书秦, 沈贵银, 魏珣, 等. 论农业面源污染的产生和应对 [J]. 农业经济问题, 2013, 34 (11): 97-102.

[83] 金书秦, 周芳, 沈贵银. 农业发展与面源污染治理双重目标下的化肥减量路径探析 [J]. 环境保护, 2015 (08): 50-53.

[84] 孔祥智. 农业供给侧结构性改革的基本内涵与政策建议 [J]. 改革, 2016 (02): 104-115.

[85] 李芬妮, 张俊飚, 何可. 非正式制度、环境规制对农户绿色生产行为的影响——基于湖北1105份农户调查数据 [J]. 资源科学, 2019, 41 (07): 1227-1239.

[86] 李红, 周浩. 新疆农户购置补贴农机的影响因素分析——基于Probit模型的估计 [J]. 湖北农业科学, 2015, 54 (10): 2527-2533.

[87] 李龙峰, 张应良, 湛小梅. 农业分工与生产社会化驱动研究——水稻育秧农户外包行为分析 [J]. 农村经济, 2018 (02): 86-91.

[88] 李曼, 陆迁, 乔丹. 技术认知、政府支持与农户节水灌溉技术采用——基于张掖甘州区的调查研究 [J]. 干旱区资源与环境, 2017, 31 (12): 27-32.

[89] 李卫, 薛彩霞, 姚顺波, 等. 保护性耕作技术、种植制度与土地生产率——来自黄土高原农户的证据 [J]. 资源科学, 2017, 39 (07): 1259-1271.

[90] 李想, 穆月英. 农户可持续生产技术采用的关联效应及影响因素——基于辽宁设施蔬菜种植户的实证分析 [J]. 南京农业大学学报 (社会科学版), 2013, 13 (04): 62-68.

[91] 李小建, 罗庆, 樊新生. 农区专业村的形成与演化机理研究 [J].

中国软科学，2009（02）：71－80.

［92］李永实．比较优势理论与农业区域专业化发展——以福建省为例［J］．经济地理，2007（04）：621－624，628.

［93］连玉君，黎文素，黄必红．子女外出务工对父母健康和生活满意度影响研究［J］．经济学（季刊），2015，14（01）：185－202.

［94］梁志会，张露，刘勇，张俊飚．农业分工有利于化肥减量施用吗？——基于江汉平原水稻种植户的实证［J］．中国人口·资源与环境，2020，30（01）：150－159.

［95］林万龙，孙翠清．农业机械私人投资的影响因素：基于省级层面数据的探讨［J］．中国农村经济，2007（09）：25－32.

［96］林万龙．农地经营规模：国际经验与中国的现实选择［J］．农业经济问题，2017，38（07）：33－42.

［97］刘凤芹．农业土地规模经营的条件与效果研究：以东北农村为例［J］．管理世界，2006（09）：71－79，171－172.

［98］刘海启．以精准农业驱动农业现代化加速现代农业数字化转型［J］．中国农业资源与区划，2019，40（01）：1－6，73.

［99］刘家成，钟甫宁，徐志刚，等．劳动分工视角下农户生产环节外包行为异质性与成因［J］．农业技术经济，2019（07）：4－14.

［100］刘灵辉．农地自由流转下家庭农场土地适度规模化研究［J］．西北农林科技大学学报（社会科学版），2015，15（02）：153－160.

［101］刘守英，王瑞民．农业工业化与服务规模化：理论与经验［J］．国际经济评论，2019（06）：9－23.

［102］刘同山，孔祥智．加入合作社能够提升家庭农场绩效吗？——基于全国1505个种植业家庭农场的计量分析［J］．学习与探索，2019（12）：98－106.

［103］刘新逢，高英武．土地规模经营与农业机械化发展［J］．福建农机，2010（02）：9－11.

［104］刘玉梅，田志宏．农户收入水平对农机装备需求的影响分析——以河北省和山东省为例［J］．中国农村经济，2009（12）：44－55.

［105］刘自敏，杨丹．农民专业合作社对农业分工的影响——来自中国

六省农户调查的证据［J］. 经济问题，2013（09）：106－110.

［106］罗必良，仇童伟. 中国农业种植结构调整："非粮化"抑或"趋粮化". 社会科学战线，2018（02）：39－51.

［107］罗必良. 论服务规模经营——从纵向分工到横向分工及连片专业化［J］. 中国农村经济，2017（11）：2－16.

［108］罗必良. 论农业分工的有限性及其政策含义［J］. 贵州社会科学，2008（01）：80－87.

［109］罗富民，段豫川. 分工演进对山区农业生产效率的影响研究——基于川南山区县级数据的空间计量分析［J］. 软科学，2013，27（07）：83－87.

［110］罗明忠，刘恺. 农业生产的专业化与横向分工：比较与分析［J］. 财贸研究，2015，26（02）：9－17.

［111］孟丽，钟永玲，李楠. 我国新型农业经营主体功能定位及结构演变研究［J］. 农业现代化研究，2015，36（01）：41－45.

［112］穆娜娜，孔祥智. 合作社农业社会化服务功能的演变逻辑——基于仁发合作社的案例分析［J］. 财贸研究，2019，30（08）：64－75.

［113］彭代彦，郭更臣，颜军梅. 中国农业生产资料价格上涨原因的变结构协整分析［J］. 中国农村经济，2013（06）：48－59，85.

［114］彭继权，吴海涛. 土地流转对农户农业机械使用的影响［J］. 中国土地科学，2019，33（07）：73－80.

［115］任晓娜. 种粮大户经营状况与困境摆脱：五省155户证据［J］. 改革，2015（05）：94－101.

［116］邵明伟. 从生产方式到经营方式：农业经营方式内涵的重新分析［J］. 经济问题，2009（11）：71－73，115.

［117］申红芳，陈超，廖西元，王磊. 中国水稻生产环节外包价格的决定机制——基于全国6省20县的空间计量分析［J］. 中国农村观察，2015（06）：34－46，95.

［118］石爱虎. 论农业发展方式的科学内涵与转变途径［J］. 东南学术，2012（01）：157－164.

［119］宋海英，姜长云. 农户对农机社会化服务的选择研究——基于8省

份小麦种植户的问卷调查［J］. 农业技术经济，2015（09）：27－36.

［120］苏昕，王可山，张淑敏. 我国家庭农场发展及其规模探讨——基于资源禀赋视角［J］. 农业经济问题，2014，35（05）：8－14.

［121］孙小燕，刘雍. 土地托管能否带动农户绿色生产？［J］. 中国农村经济，2019（10）：60－80.

［122］太玲娟，李林红. 农产品销售市场信息不对称与应对策略分析［J］. 吉首大学学报（社会科学版），2017，38（S2）：9－11.

［123］谭秋成. 相同劳动力和资本投入是否带来相同收入：来自丹江口库区河南移民的证据［J］. 中国农村经济，2017（10）：49－63.

［124］谭秋成. 作为一种生产方式的绿色农业［J］. 中国人口·资源与环境，2015，25（09）：44－51.

［125］涂洪波，鄢康. 家庭农场的纵向协作模式选择［J］. 华南农业大学学报（社会科学版），2018，17（06）：22－30.

［126］万江红，管珊. 无雇佣化的商品化：家庭农场的发展机制分析——基于皖南平镇粮食家庭农场的调研［J］. 中国农业大学学报（社会科学版），2015，32（04）：110－117.

［127］万江红，苏运勋. 村庄视角下家庭农场的嵌入性分析——基于山东省张村的考察［J］. 华中农业大学学报（社会科学版），2016（06）：64－69，144.

［128］万俊毅，曾丽军. 合作社类型、治理机制与经营绩效［J］. 中国农村经济，2020（02）：30－45.

［129］王春来. 发展家庭农场的三个关键问题探讨［J］. 农业经济问题，2014，35（01）：43－48.

［130］王利平，王成，李晓庆. 基于生计资产量化的农户分化研究——以重庆市沙坪坝区白林村471户农户为例［J］. 地理研究，2012，31（05）：945－954.

［131］王乃明. 中国农业生产方式的转变过程及其选择［J］. 攀登，2013，32（06）：107－113.

［132］王世尧，金媛，韩会平. 环境友好型技术采用决策的经济分析——基于测土配方施肥技术的再考察［J］. 农业技术经济，2017（08）：15－26.

[133] 王舒娟．小麦秸秆还田的农户支付意愿分析——基于江苏省农户的调查数据 [J]．中国农村经济，2014 (05)：74-85.

[134] 王水连，辛贤．农户甘蔗种植机械化的因素解析：诱因及交互效应 [J]．中国农业大学学报（社会科学版），2017，34 (01)：83-93.

[135] 王微恒，朱会义．中国省域农户土地经营规模与地区专业化实证分析 [J]．地理学报，2017，72 (02)：269-278.

[136] 王小楠，朱晶，薄慧敏．家庭农场有机农业采纳行为的空间依赖性 [J]．资源科学，2018，40 (11)：2270-2279.

[137] 王新志．自有还是雇佣农机服务：家庭农场的两难抉择解析——基于新兴古典经济学的视角 [J]．理论学刊，2015 (02)：56-62.

[138] 王兴国，王新志，杜志雄．家庭农场施药行为的影响因素分析——以 371 个粮食类家庭农场为例 [J]．东岳论丛，2018，39 (03)：36-44.

[139] 王勇．家庭农场和农民专业合作社的合作关系问题研究 [J]．中国农村观察，2014 (02)：39-48，93-94.

[140] 王友成，叶金华．浅谈家庭农场经营风险及其防范 [J]．上海农业科技，2017 (03)：3-4.

[141] 王志刚，姚一源，许栩．农户对生物农药的支付意愿：对山东省莱阳、莱州和安丘三市的问卷调查 [J]．中国人口·资源与环境，2012，22 (S1)：54-57.

[142] 王志刚，于滨铜．农业产业化联合体概念内涵、组织边界与增效机制：安徽案例举证．中国农村经济，2019 (02)：60-80.

[143] 温涛，王小华，杨丹，等．新形势下农户参与合作经济组织的行为特征、利益机制及决策效果 [J]．管理世界，2015 (07)：82-97.

[144] 吴娜琳，李小建．村域视角下农业区域专业化的空间特征及其影响因素——以河南省西峡县香菇产业为例 [J]．经济地理，2017，37 (09)：143-151.

[145] 吴笑晗，孟巍．农业生产资料市场供求双方议价能力研究——基于 CFPS 数据的分析 [J]．贵州社会科学，2019 (04)：154-161.

[146] 吴雪莲，张俊飚，丰军辉．农户绿色农业技术认知影响因素及其层级结构分解——基于 Probit-ISM 模型 [J]．华中农业大学学报（社会科学

版)，2017 (05)：36－45，145.

[147] 伍开群．家庭农场的理论分析 [J]．经济纵横，2013 (06)：65－69.

[148] 伍山林．中国粮食生产区域特征与成因研究——市场化改革以来的实证分析 [J]．经济研究，2000 (10)：38－45，79.

[149] 夏雯雯，杜志雄，郜亮亮．家庭农场经营者应用绿色生产技术的影响因素研究——基于三省452个家庭农场的调研数据 [J]．经济纵横，2019 (06)：101－108.

[150] 夏雯雯，杜志雄，郜亮亮．土地经营规模对测土配方施肥技术应用的影响研究——基于家庭农场监测数据的观察 [J]．中国土地科学，2019，33 (11)：70－78.

[151] 胥亚男，李二玲，葛世帅，高更和．工业发达山区县农业种植的专业化转型——以巩义市为例 [J]．经济地理，2016，36 (11)：146－153.

[152] 许庆，田士超，徐志刚，等．农地制度、土地细碎化与农民收入不平等 [J]．经济研究，2008 (02)：83－92，105.

[153] 薛亮．从农业规模经营看中国特色农业现代化道路 [J]．农业经济问题，2008 (06)：4－9，110.

[154] 薛美霞，钟甫宁．农业发展、劳动力转移与农村贫困状态的变化——分地区研究 [J]．农业经济问题，2010，31 (03)：37－45.

[155] 严立冬，屈志光，邓远建．现代农业建设中的绿色农业发展模式研究 [J]．农产品质量与安全，2011 (04)：12－17.

[156] 颜廷武，李凌超，王瑞雪．现代化进程中农业装备水平影响因素分析 [J]．农业技术经济，2010 (12)：38－43.

[157] 杨丹，刘自敏．农民经济组织、农业专业化和农村经济增长——来自中国2445个村庄的证据 [J]．社会科学战线，2011 (05)：64－70.

[158] 杨进，吴比，金松青，等．中国农业机械化发展对粮食播种面积的影响 [J]．中国农村经济，2018 (03)：89－104.

[159] 杨进，向春华，张晓波．中国农业的劳动分工——基于生产服务外包的视角 [J]．华中科技大学学报 (社会科学版)，2019，33 (02)：45－55.

[160] 杨印生，刘佩军，李宁．我国东北地区农业机械化发展的影响因素辨识及系统分析 [J]．农业技术经济，2006 (05)：28 - 33.

[161] 杨志海，王雨濛．不同代际农民耕地质量保护行为研究——基于鄂豫两省829户农户的调研 [J]．农业技术经济，2015 (10)：48 - 56.

[162] 姚寿福．农地规模经营、专业化与农业绩效 [J]．农村经济，2012 (03)：28 - 31.

[163] 叶明华，朱俊生．农业保险微观效用与粮食安全的关联度 [J]．改革，2017 (09)：76 - 86.

[164] 应瑞瑶，朱勇．农业技术培训方式对农户农业化学投入品使用行为的影响——源自实验经济学的证据 [J]．中国农村观察，2015 (01)：50 - 58，83，95.

[165] 于法稳．新时代农业绿色发展动因、核心及对策研究 [J]．中国农村经济，2018 (05)：19 - 34.

[166] 于金富．当代中国经济改革的实质在于生产方式的变革——中国经济改革的马克思主义经济学解释 [J]．河南大学学报（社会科学版），2007 (01)：92 - 96.

[167] 苑鹏．农民专业合作组织与农业社会化服务体系建设 [J]．农村经济，2011 (01)：3 - 5.

[168] 岳正华，杨建利．我国发展家庭农场的现状和问题及政策建议 [J]．农业现代化研究，2013，34 (04)：420 - 424.

[169] 张聪颖，霍学喜．劳动力转移对农户测土配方施肥技术选择的影响 [J]．华中农业大学学报（社会科学版），2018 (03)：65 - 72，155.

[170] 张复宏，宋晓丽，霍明．果农对过量施肥的认知与测土配方施肥技术采纳行为的影响因素分析——基于山东省9个县（区、市）苹果种植户的调查 [J]．中国农村观察，2017 (03)：117 - 130.

[171] 张红宇，杨凯波．我国家庭农场的功能定位与发展方向 [J]．农业经济问题，2017，38 (10)：4 - 10.

[172] 张红宇．中国现代农业经营体系的制度特征与发展取向 [J]．中国农村经济，2018 (01)：23 - 33.

[173] 张红宇．牢牢把握农业供给侧结构性改革的方向 [J]．农村工作

通讯，2017（04）：26－29.

［174］张露，罗必良．小农生产如何融入现代农业发展轨道？——来自中国小麦主产区的经验证据［J］．经济研究，2018，53（12）：144－160.

［175］张蒙萌，李艳军．农户“被动信任”农资零售商的缘由：社会网络嵌入视角的案例研究［J］．中国农村观察，2014（05）：25－37，93－94.

［176］张清津，王新志．中国农村专业化分工与农业经营组织体系的演变［J］．江西社会科学，2016，36（02）：194－199.

［177］张瑞娟，高鸣．新技术采纳行为与技术效率差异——基于小农户与种粮大户的比较［J］．中国农村经济，2018（05）：84－97.

［178］张童朝，颜廷武，何可，张俊飚．资本禀赋对农户绿色生产投资意愿的影响——以秸秆还田为例［J］．中国人口·资源与环境，2017，27（08）：78－89.

［179］张晓敏，姜长云．不同类型农户对农业生产性服务的供给评价和需求意愿［J］．经济与管理研究，2015，36（08）：70－76.

［180］张晓山．促进以农产品生产专业户为主体的合作社的发展——以浙江省农民专业合作社的发展为例［J］．中国农村经济，2004（11）：4－10，23.

［181］张尧．农业生产方式变迁视域下农村社会保障体系的完善［J］．探索，2015（06）：138－142.

［182］张滢．“家庭农场＋合作社”的农业产业化经营新模式：制度特性、生发机制和效益分析［J］．农村经济，2015（06）：3－7.

［183］张宗毅，周曙东，曹光乔，等．我国中长期农机购置补贴需求研究［J］．农业经济问题，2009，30（12）：34－41.

［184］赵佳，姜长云．家庭农场的资源配置、运行绩效分析与政策建议——基于与普通农户比较［J］．农村经济，2015（03）：18－21.

［185］赵佳，姜长云．兼业小农抑或家庭农场——中国农业家庭经营组织变迁的路径选择［J］．农业经济问题，2015，36（03）：11－18，110.

［186］郑风田，焦万慧．前提设定、农民权益与中国新型农业经营体系的“新四化”［J］．改革，2013（03）：103－113.

［187］郑旭媛，王芳，应瑞瑶．农户禀赋约束、技术属性与农业技术选

择偏向——基于不完全要素市场条件下的农户技术采用分析框架［J］. 中国农村经济，2018（03）：105－122.

［188］郑旭媛，徐志刚. 双重约束下的农户生产投入结构调整行为研究［J］. 农业技术经济，2017（11）：26－37.

［189］钟真，刘世琦，沈晓晖. 借贷利率、购置补贴与农业机械化率的关系研究——基于8省54县调查数据的实证分析［J］. 中国软科学，2018（02）：32－41.

［190］周端明，蔡敏. 中国农业专业化程度偏低的原因分析和出路探寻［J］. 安徽师范大学学报（人文社会科学版），2000（02）：181－184.

［191］周晶，陈玉萍，阮冬燕. 地形条件对农业机械化发展区域不平衡的影响——基于湖北省县级面板数据的实证分析［J］. 中国农村经济，2013（09）：63－77.

［192］周绍东. "互联网+"推动的农业生产方式变革——基于马克思主义政治经济学视角的探究［J］. 中国农村观察，2016（06）：75－85，97.

［193］周应恒，胡凌啸，严斌剑. 农业经营主体和经营规模演化的国际经验分析［J］. 中国农村经济，2015（09）：80－95.

［194］周振，张琛，彭超等. 农业机械化与农民收入：来自农机具购置补贴政策的证据［J］. 中国农村经济，2016（02）：68－82.

［195］朱萌，齐振宏，邬兰娅，等. 新型农业经营主体农业技术需求影响因素的实证分析——以江苏省南部395户种稻大户为例［J］. 中国农村观察，2015（01）：30－38，93－94.

［196］庄丽娟，贺梅英，张杰. 农业生产性服务需求意愿及影响因素分析——以广东省450户荔枝生产者的调查为例［J］. 中国农村经济，2011（03）：70－78.

［197］左喆瑜. 华北地下水超采区农户对现代节水灌溉技术的支付意愿——基于对山东省德州市宁津县的条件价值调查［J］. 农业技术经济，2016（06）：32－46.

［198］Ajzen I. The theory of planned behavior, organizational behavior and human decision processes［J］. Journal of Lsure Research, 1991, 50（02）：176－211.

[199] Allen D W, Lueck D. The nature of the farm [J]. The Journal of Law and Economics, 1998, 41 (02): 343 -386.

[200] Atanu, S., et al. Adoption of emerging technologies under output uncertainty [J]. American Journal of Agricultural Economics, 1994, 76 (04): 836 - 846.

[201] Carter, C. A., B. Lohmar. Regional Specialization of China's Agricultural Production [J]. American Journal of Agricultural Economics Proceedings, 2000, 284 (03): 749 -753.

[202] Clarke, S. H. Regulation and the revolution in united states farm productivity [M]. Cambridge: Cambridge Univer. press, 1994.

[203] Coase R H. The Nature of the Firm [J]. Economica, 1937, 4 (16): 386 -405.

[204] Coase R H. The problem of social cost [M]. New York: Palgrave Macmillan, 1960.

[205] Croson R, Gneezy U. Gender differences in preferences [J]. Journal of Economic Literature, 2009, 47 (02): 448 -474.

[206] Czyzewski, A., Smedzikambrozy, K. Specialization and Diversification of Agricultural Production in the Light of Sustainable Development [J]. The Journal of International Studies, 2015, 8 (02): 63 -73.

[207] Dahlman C J. The problem of externality [J]. The Journal of Law and Economics, 1979, 22 (01): 141 -162.

[208] De Brauw A, Huang J, Rozelle S, et al. The evolution of China's rural labor markets during the reforms. Department of Agricultural and Resource Economics [C], UC Davis Working Paper, 2002 (02 -03).

[209] Deininger K, Olinto P. Rural Nonfarm Employment and Income Diversification in Colombia [J]. World Development, 2001 (29): 455 -465.

[210] Dercon S, Christiaensen, L. Consumption risk, Technology Adoption and Poverty Traps: Evidence from Ethiopia. Journal of Development Economics [J], 2011 (02): 159 -173.

[211] Feder G., et al. Adoption of agricultural innovations in developing

countries: A survey [J], Economic Development and Cultural Change, 1985, 33 (02): 255 -298.

[212] Foster A D, Rosenzweig M R. Technical change and human - capital returns and investments: evidence from the green revolution [J]. The American Economic Review, 1996: 931 -953.

[213] Garner E, de la O C, Paula A. Identifying the family farm: a discussion of the concepts and definitions [C]. Food and Agriculture Organization of the United Nations, 2014: 1 -30.

[214] Heston A. , D. Kumar. The persistence of land fragmentation in peasant agriculture: An analysis of South Asian cases [J]. Exploration in Economic History, 1983 (20): 199 -220.

[215] Hoover E M. The Measurement of Industrial Localization [J]. Review of Economics and Statistics, 1936 (19): 162 -171.

[216] Huang J. , Xiang C, Jia X, et al. Impacts of Training on Farmers' Nitrogen Use in Maize Production in Shandong, China [J]. Journal of Soil and Water Conservation, 2012 (04): 321 -327.

[217] Mora R. , JuanC. S. Geographical specialisation in Spanish agriculture before and after integration in the European Union [J]. Regional Science and Urban Economics, 2004, 34 (03): 309 -320.

[218] Olmstead A L, Rhode P W. Reshaping the Landscape: The Impact and Diffusion of the Tractor in American Agriculture, 1910—1960 [J]. Journal of Economic History, 2001, 61 (03): 663 -698.

[219] Qin Y. , ZhangX. The road to specialization in agricultural production: Evidence from rural China [J]. World Development, 2016 (77): 1 -16.

[220] Romer P M. Endogenous technological change [J]. Journal of political economy, 1990, 98 (05): S71 -S102.

[221] Schmitt G. Plenary. why is the agriculture of advanced Western economies still organized by family farms? Will this continue to be so in the future? [J]. European review of agricultural economics, 1991, 18 (03 -04): 443 -458.

[222] ShiH. , Yang X. A New Theory of Industrialization [J]. Journal of

Comparative Economics, 1995 (20): 171 -189.

[223] Stigler G J. The division of labor is limited by the extent of the market [J]. the Journal of Political Economy, 1951, 59 (03): 185 -193.

[224] UNEP. Towards a Green Economy: Pathways to Sustainable Development and Poverty Eradication [R]. Nairobi: United Nations Environment Programme, 2011.

[225] Valentinov V. Why are cooperatives important in agriculture? An organizational economics perspective [J]. Journal of Institutional Economics, 2007, 3 (01): 55 -69.

[226] Weber J G. How much more do growers receive for Fair Trade - organic coffee [J]. Food Policy, 2011, 36 (05): 678 -685.

[227] Whatley, W C. A history of mechanization the cotton south: the institutional hypothesis: the institutional hypothesis [J]. Quarterly Journal of Economics, 1985, 100 (04): 1191 -1215.

[228] Williamson O E. Transaction - cost economics: the governance of contractual relations [J]. The Journal of Law and Economics, 1979, 22 (02): 233 - 261.

[229] Young A. Increasing returns and economic progress [J]. The Economic Journal, 1928, 38 (152): 527 -542.

[230] Zhang X, Yang J, Wang S. China has reached the Lewis turning point [J]. China Economic Review, 2011, 22 (04): 542 -554.

后　记

本书是在我博士论文的基础上修改完成的。在本书出版之际，向每一位支持和鼓励过我的人表示深深的感谢。

首先，我要衷心地感谢我的导师杜志雄研究员，杜老师是一位对“三农”问题见地深刻的学者，每次与杜老师沟通交流，他的观点总能让我醍醐灌顶。在老师的教诲下，我开始熟练运用最基本的科学逻辑和经济学理论看待“三农”问题，逐步有了自己的逻辑思考和判断，并尝试用学术语言进行表达。老师的恩情我将铭记在心，唯有立志潜心研究，做一个对学术和社会有所贡献的人，方不辜负教诲。

感谢中国社会科学院农村发展研究所的于法稳研究员、郜亮亮研究员、李登旺助理研究员、王术坤助理研究员、王宾助理研究员等老师，感谢这些老师在学习中给予我的有益启发和帮助。感谢中国社会科学院农村发展研究所的张斌老师在学生管理中给予我的教导和包容。

感谢中国家庭农场监测团队中的肖卫东教授、张宗毅研究员、王新志研究员、朱思柱副研究员、蔡颖萍副教授、危薇博士、刘文霞博士、谭洪业博士、来晓东博士、杜月硕士、田文文硕士和孟小暄硕士，感谢他们一直以来给予我的关心和鼓励。

感谢中国社会科学院研究生院提供的优越学习环境，保障了疫情期间博士论文的顺利完成。当然，也要感谢在小院中相互学习成长的各位好友，他们是温佳楠博士、于婷博士、李恩极博士、陈球博士、刘锐金博士、付志虎博士、燕翔博士、焦翔博士、李浩博士、轩会永博士、孙布克博士、罗朝阳博士、乔敏健博士、王娜博士、孙怡龙博士、张晨博士等，正是有了他们，博士生活才更多姿多彩。

感谢工作单位山东师范大学经济学院给予我的支持，保证了博士论文的顺利出版。

感谢中国财政经济出版社高青编辑百忙之中对本书的审阅。

感谢家人一如既往地支持我的学业，让我能够心无旁骛地完成博士论文的写作和出版。

谨以此书献给所有支持和鼓励过我的人。

作者

2021 年 5 月